恬淡人生
夏培肃传

韩承德 唐志敏 祁 威 ◎著

老科学家学术成长资料采集工程
中国科学院院士传记丛书

1923年	1950年	1956年	1991年	2014年
出生于四川重庆	获英国爱丁堡大学哲学博士学位	参与筹建中国科学院计算技术研究所	被评选为中国科学院院士（学部委员）	逝世于北京

老科学家学术成长资料采集工程
中国科学院院士传记丛书

恬淡人生
夏培肃传

韩承德 唐志敏 祁 威◎著

中国科学技术出版社
上海交通大学出版社

图书在版编目（CIP）数据

恬淡人生：夏培肃传 / 韩承德，唐志敏，祁威著. —— 北京：中国科学技术出版社，2019.11

（老科学家学术成长资料采集工程丛书. 中国科学院院士传记丛书）

ISBN 978-7-5046-8280-2

Ⅰ.①恬… Ⅱ.①韩… ②唐… ③祁… Ⅲ.①夏培肃－传记 Ⅳ.① K826.16

中国版本图书馆 CIP 数据核字（2019）第 085786 号

责任编辑	余　君
责任校对	焦　宁
责任印制	李晓霖
版式设计	中文天地

出　　版	中国科学技术出版社　上海交通大学出版社
发　　行	中国科学技术出版社有限公司发行部
地　　址	北京市海淀区中关村南大街 16 号
邮　　编	100081
发行电话	010-62173865
传　　真	010-62173081
网　　址	http：//www.cspbooks.com.cn

开　　本	787mm×1092mm　1/16
字　　数	238 千字
印　　张	14.75
彩　　插	2
版　　次	2020 年 6 月第 1 版
印　　次	2020 年 6 月第 1 次印刷
印　　刷	北京华联印刷有限公司
书　　号	ISBN 978-7-5046-8280-2 / K·252
定　　价	75.00 元

（凡购买本社图书，如有缺页、倒页、脱页者，本社发行部负责调换）

老科学家学术成长资料采集工程
领导小组专家委员会

主 任：杜祥琬

委 员：（以姓氏拼音为序）

巴德年　　陈佳洱　　胡启恒　　李振声
齐　让　　王礼恒　　王春法

老科学家学术成长资料采集工程
丛书组织机构

特邀顾问（以姓氏拼音为序）

樊洪业　　方　新　　谢克昌

编 委 会

主 编：王春法　　张　藜

编 委：（以姓氏拼音为序）

艾素珍　　崔宇红　　定宜庄　　董庆九　　郭　哲
韩建民　　何素兴　　胡化凯　　胡宗刚　　刘晓勘
罗　晖　　吕瑞花　　秦德继　　王　挺　　王扬宗
熊卫民　　姚　力　　张大庆　　张　剑　　周德进

编委会办公室

主 任：孟令耘　　张利洁
副主任：许　慧　　刘佩英
成 员：（以姓氏拼音为序）

董亚峥　　冯　勤　　高文静　　韩　颖　　李　梅
刘如溪　　罗兴波　　沈林苣　　田　田　　王传超
余　君　　张海新　　张佳静

老科学家学术成长资料采集工程简介

  老科学家学术成长资料采集工程（以下简称"采集工程"）是根据国务院领导同志的指示精神，由国家科教领导小组于2010年正式启动，中国科协牵头，联合中组部、教育部、科技部、工信部、财政部、文化部、国资委、解放军总政治部、中国科学院、中国工程院、国家自然科学基金委员会等11部委共同实施的一项抢救性工程，旨在通过实物采集、口述访谈、录音录像等方法，把反映老科学家学术成长历程的关键事件、重要节点、师承关系等各方面的资料保存下来，为深入研究科技人才成长规律，宣传优秀科技人物提供第一手资料和原始素材。

  采集工程是一项开创性工作。为确保采集工作规范科学，启动之初即成立了由中国科协主要领导任组长、12个部委分管领导任成员的领导小组，负责采集工程的宏观指导和重要政策措施制定，同时成立领导小组专家委员会负责采集原则确定、采集名单审定和学术咨询，委托科学史学者承担学术指导与组织工作，建立专门的馆藏基地确保采集资料的永久性收藏和提供使用，并研究制定了《采集工作流程》《采集工作规范》等一系列基础文件，作为采集人员的工作指南。截至2016年6月，已启动400多位老科学家的学术成长资料采集工作，获得手稿、书信等实物原件资料73968件，数字化资料178326件，视频资料4037小时，音频资料4963小时，具有重要的史料价值。

采集工程的成果目前主要有三种体现形式，一是建设"中国科学家博物馆网络版"，提供学术研究和弘扬科学精神、宣传科学家之用；二是编辑制作科学家专题资料片系列，以视频形式播出；三是研究撰写客观反映老科学家学术成长经历的研究报告，以学术传记的形式，与中国科学院、中国工程院联合出版。随着采集工程的不断拓展和深入，将有更多形式的采集成果问世，为社会公众了解老科学家的感人事迹，探索科技人才成长规律，研究中国科技事业的发展历程提供客观翔实的史料支撑。

总序一

中国科学技术协会主席　韩启德

　　老科学家是共和国建设的重要参与者，也是新中国科技发展历史的亲历者和见证者，他们的学术成长历程生动反映了近现代中国科技事业与科技教育的进展，本身就是新中国科技发展历史的重要组成部分。针对近年来老科学家相继辞世、学术成长资料大量散失的突出问题，中国科协于2009年向国务院提出抢救老科学家学术成长资料的建议，受到国务院领导同志的高度重视和充分肯定，并明确责成中国科协牵头，联合相关部门共同组织实施。根据国务院批复的《老科学家学术成长资料采集工程实施方案》，中国科协联合中组部、教育部、科技部、工业和信息化部、财政部、文化部、国资委、解放军总政治部、中国科学院、中国工程院、国家自然科学基金委员会等11部委共同组成领导小组，从2010年开始组织实施老科学家学术成长资料采集工程。

　　老科学家学术成长资料采集是一项系统工程，通过文献与口述资料的搜集和整理、录音录像、实物采集等形式，把反映老科学家求学历程、师承关系、科研活动、学术成就等学术成长中关键节点和重要事件的口述资料、实物资料和音像资料完整系统地保存下来，对于充实新中国科技发展的历史文献，理清我国科技界学术传承脉络，探索我国科技发展规律和科技人才成长规律，弘扬我国科技工作者求真务实、无私奉献的精神，在全社会营造爱科学、学科学、用科学的良好氛围，是一件很有意义的事情。采集工程把重点放在年龄在 80 岁以上、学术成长经历丰富的两院院士，以及虽然不是两院院士、但在我国科技事业发展中作出突出贡献的老科技工作者，充分体现了党和国家对老科学家的关心和爱护。

自 2010 年启动实施以来，采集工程以对历史负责、对国家负责、对科技事业负责的精神，开展了一系列工作，获得大量反映老科学家学术成长历程的文字资料、实物资料和音视频资料，其中有一些资料具有很高的史料价值和学术价值，弥足珍贵。

以传记丛书的形式把采集工程的成果展现给社会公众，是采集工程的目标之一，也是社会各界的共同期待。在我看来，这些传记丛书大都是在充分挖掘档案和书信等各种文献资料、与口述访谈相互印证校核、严密考证的基础之上形成的，内中还有许多很有价值的照片、手稿影印件等珍贵图片，基本做到了图文并茂，语言生动，既体现了历史的鲜活，又立体化地刻画了人物，较好地实现了真实性、专业性、可读性的有机统一。通过这套传记丛书，学者能够获得更加丰富扎实的文献依据，公众能够更加系统深入地了解老一辈科学家的成就、贡献、经历和品格，青少年可以更真实地了解科学家、了解科技活动，进而充分激发对科学家职业的浓厚兴趣。

借此机会，向所有接受采集的老科学家及其亲属朋友，向参与采集工程的工作人员和单位，表示衷心感谢。真诚希望这套丛书能够得到学术界的认可和读者的喜爱，希望采集工程能够得到更广泛的关注和支持。我期待并相信，随着时间的流逝，采集工程的成果将以更加丰富多样的形式呈现给社会公众，采集工程的意义也将越来越彰显于天下。

是为序。

总序二

中国科学院院长　白春礼

由国家科教领导小组直接启动，中国科学技术协会和中国科学院等12个部门和单位共同组织实施的老科学家学术成长资料采集工程，是国务院交办的一项重要任务，也是中国科技界的一件大事。值此采集工程传记丛书出版之际，我向采集工程的顺利实施表示热烈祝贺，向参与采集工程的老科学家和工作人员表示衷心感谢！

按照国务院批准实施的《老科学家学术成长资料采集工程实施方案》，开展这一工作的主要目的就是要通过录音录像、实物采集等多种方式，把反映老科学家学术成长历史的重要资料保存下来，丰富新中国科技发展的历史资料，推动形成新中国的学术传统，激发科技工作者的创新热情和创造活力，在全社会营造爱科学、学科学、用科学的良好氛围。通过实施采集工程，系统搜集、整理反映这些老科学家学术成长历程的关键事件、重要节点、学术传承关系等的各类文献、实物和音视频资料，并结合不同时期的社会发展和国际相关学科领域的发展背景加以梳理和研究，不仅有利于深入了解新中国科学发展的进程特别是老科学家所在学科的发展脉络，而且有利于发现老科学家成长成才中的关键人物、关键事件、关键因素，探索和把握高层次人才培养规律和创新人才成长规律，更有利于理清我国科技界学术传承脉络，深入了解我国科学传统的形成过程，在全社会范围内宣传弘扬老科学家的科学思想、卓越贡献和高尚品质，推动社会主义科学文化和创新文化建设。从这个意义上说，采集工程不仅是一项文化工程，更是一项严肃认真的学术建设工作。

中国科学院是科技事业的国家队，也是凝聚和团结广大院士的大家庭。早在1955年，中国科学院选举产生了第一批学部委员，1993年国务院决定中国科学院学部委员改称中国科学院院士。半个多世纪以来，从学部委员到院士，经历了一个艰难的制度化进程，在我国科学事业发展史上书写了浓墨重彩的一笔。在目前已接受采集的老科学家中，有很大一部分即是上个世纪80、90年代当选的中国科学院学部委员、院士，其中既有学科领域的奠基人和开拓者，也有作出重大科学成就的著名科学家，更有毕生在专门学科领域默默耕耘的一流学者。作为声誉卓著的学术带头人，他们以发展科技、服务国家、造福人民为己任，求真务实、开拓创新，为我国经济建设、社会发展、科技进步和国家安全作出了重要贡献；作为杰出的科学教育家，他们着力培养、大力提携青年人才，在弘扬科学精神、倡树科学理念方面书写了可歌可泣的光辉篇章。他们的学术成就和成长经历既是新中国科技发展的一个缩影，也是国家和社会的宝贵财富。通过采集工程为老科学家树碑立传，不仅对老科学家们的成就和贡献是一份肯定和安慰，也使我们多年的夙愿得偿！

鲁迅说过，"跨过那站着的前人"。过去的辉煌历史是老一辈科学家铸就的，新的历史篇章需要我们来谱写。衷心希望广大科技工作者能够通过"采集工程"的这套老科学家传记丛书和院士丛书等类似著作，深入具体地了解和学习老一辈科学家学术成长历程中的感人事迹和优秀品质；继承和弘扬老一辈科学家求真务实、勇于创新的科学精神，不畏艰险、勇攀高峰的探索精神，团结协作、淡泊名利的团队精神，报效祖国、服务社会的奉献精神，在推动科技发展和创新型国家建设的广阔道路上取得更辉煌的成绩。

总序三

中国工程院院长　周　济

　　由中国科协联合相关部门共同组织实施的老科学家学术成长资料采集工程，是一项经国务院批准开展的弘扬老一辈科技专家崇高精神、加强科学道德建设的重要工作，也是我国科技界的共同责任。中国工程院作为采集工程领导小组的成员单位，能够直接参与此项工作，深感责任重大、意义非凡。

　　在新的历史时期，科学技术作为第一生产力，已经日益成为经济社会发展的主要驱动力。科技工作者作为先进生产力的开拓者和先进文化的传播者，在推动科学技术进步和科技事业发展方面发挥着关键的决定的作用。

　　新中国成立以来，特别是改革开放 30 多年来，我们国家的工程科技取得了伟大的历史性成就，为祖国的现代化事业作出了巨大的历史性贡献。两弹一星、三峡工程、高速铁路、载人航天、杂交水稻、载人深潜、超级计算机……一项项重大工程为社会主义事业的蓬勃发展和祖国富强书写了浓墨重彩的篇章。

　　这些伟大的重大工程成就，凝聚和倾注了以钱学森、朱光亚、周光召、侯祥麟、袁隆平等为代表的一代又一代科技专家们的心血和智慧。他们克服重重困难，攻克无数技术难关，潜心开展科技研究，致力推动创新发展，为实现我国工程科技水平大幅提升和国家综合实力显著增强作出了杰出贡献。他们热爱祖国，忠于人民，自觉把个人事业融入到国家建设大局之中，为实现国家富强而不断奋斗；他们求真务实，勇于创新，用科技为中华民族的伟大复兴铸就了辉煌；他们治学严谨，鞠躬尽瘁，具有崇高的科学精神和科学道德，是我们后代学习的楷模。科学家们的一生是一本珍贵的教科书，他们坚定的理想信念和淡泊名利的崇高品格是中华民族自强不息精神的宝贵财富，永远值得后人铭记和敬仰。

通过实施采集工程，把反映老科学家学术成长经历的重要文字资料、实物资料和音像资料保存下来，把他们卓越的技术成就和可贵的精神品质记录下来，并编辑出版他们的学术传记，对于进一步宣传他们为我国科技发展和民族进步作出的不朽功勋，引导青年科技工作者学习继承他们的可贵精神和优秀品质，不断攀登世界科技高峰，推动在全社会弘扬科学精神，营造爱科学、讲科学、学科学、用科学的良好氛围，无疑有着十分重要的意义。

中国工程院是我国工程科技界的最高荣誉性、咨询性学术机构，集中了一大批成就卓著、德高望重的老科技专家。以各种形式把他们的学术成长经历留存下来，为后人提供启迪，为社会提供借鉴，为共和国的科技发展留下一份珍贵资料。这是我们的愿望和责任，也是科技界和全社会的共同期待。

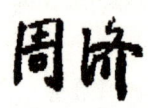

周济

夏培肃（1923—2014）

2011年访谈
（左一韩承德，左二李磊，左三夏培肃，左四刘道福，左五王剑，左六祁威）

邀请金怡濂院士为本书作序
（左一祁威，左二金怡濂，左三李文银）

序

　　夏培肃先生是我十分敬重的师长，她学术治学严谨、造诣深厚、为人谦逊、处事低调，是我们学习的楷模。

　　早在1952年，夏先生就参加了中国最早从事计算机研究的"三人小组"。此后六十年春秋，她一直拼搏在计算机科研第一线，为我国计算机事业作出了重大贡献，是我国计算机研究的先驱和我国计算机事业的重要奠基人之一。

　　夏先生给我印象最深刻的是对人才的培养。1956年，中央果断决策，把发展计算机作为紧急措施列入我国十二年科技发展远景规划。发展计算机，人才是关键。时值建国伊始，百废待兴，人才奇缺，夏先生勇敢承担了在国内举办训练班的重任，从确定培养目标，到制订教学计划，无不亲历亲为，她还直接承担了繁重的教学任务，可谓殚精竭虑，夙夜辛劳。从1956年到1962年，前后举办了四届训练班，共培养七百余人，这些人才成为当时我国计算机发展的中坚力量。此外，她还认真培养了六十余名年轻的研究生，带领他们进入计算机科学的殿堂，其中许多人后来成为国内外各单位骨干力量，真可谓桃李满天下。夏先生为培养我国计算机人才作出了重大贡献。

　　我和夏先生一直保持着联系，有时还向她请教一些学术问题。夏先生心系祖国计算机事业，她锐意进取、科学求实的学术风范，令人敬佩。她主持香山科学会议并做主题报告，呼吁国家重视高性能计算机技术，让人很受教育。她关心计算机的长远发展，前后研究过微波计算机、隧道二极管计算机、量子计算机等。我拜读过夏先生有关量子计算机的文章，深受启发。有时，我写的一些材料请夏先生审阅，她字斟句酌，十分认真，令人感动佩服。

经过近六十年的发展，我国计算机技术和计算机事业都发生了翻天覆地的变化。今天，我国自主研制的高性能计算机已经进入国际先进行列，我国的联想集团已成为世界上最大的个人电脑生产商。所有这些成绩的取得，都离不开为发展中国计算机事业奋斗的老一辈计算机科学家，而夏培肃先生就是其中的杰出代表。

老一辈科学家艰苦创业的学术经历，对后学者有很好的启迪作用。感谢中国科协组织这个保存老科学家学术成长珍贵史料的"传世工程"，也感谢课题组的辛苦工作，使我和其他同志能够重温当年那段"激动人心的岁月"。

是为序。

金怡濂
2013 年 3 月 7 日

目 录

老科学家学术成长资料采集工程简介

总序一 ……………………………………………… 韩启德

总序二 ……………………………………………… 白春礼

总序三 ……………………………………………… 周　济

序 …………………………………………………… 金怡濂

| 导　言 | ……………………………………………… 1

| 第一章 | 家庭教育 …………………………………… 9

　　出身教育世家 ………………………………………… 9
　　母亲的教育 …………………………………………… 13

| 第二章 | 求学历程 ·· 17

　　南开中学 ·· 17
　　国立第九中学 ·· 20
　　重庆中央大学 ·· 21
　　交通大学 ·· 27
　　英国爱丁堡大学 ·· 29

| 第三章 | 回国 ·· 37

　　期盼回国 ·· 37
　　科研之路 ·· 39

| 第四章 | 命运的转折 ·· 41

　　中国第一个计算机研究小组 ································ 41
　　计算机科技的萌芽 ·· 45
　　制定科学远景规划 ·· 48

| 第五章 | 计算技术研究所 ······································ 55

　　筹建计算技术研究所 ·· 55
　　赴苏考察 ·· 57
　　培育中国第一代计算机人才 ································ 60

| 第六章 | 我国自行研制的第一台通用小型计算机 ·········· 72

　　灵感与目标 ·· 72
　　坚持自主研制 ·· 73
　　搬到科大的 107 机 ·· 76
　　107 机的历史使命 ·· 78

第七章 创建中国科大计算机专业 ············ 82

一所独具特色的新型大学 ················ 82
创建计算机专业 ···················· 85
精选师资和课程 ···················· 87
勤工俭学与人员调配 ·················· 90
所系结合　因材施教 ·················· 91

第八章 计算机预研 ··················· 94

担纲预研 ······················· 94
研制微波计算机元件 ·················· 95
研制隧道二极管计算机 ················· 96

第九章 身处逆境　情系科研 ·············· 99

四清运动 ······················· 99
五七干校 ······················· 101
逆境成果 ······················· 103

第十章 150-AP 数组处理机 ··············· 109

瞄准行业应用 ····················· 109
先进设计理念 ····················· 112
广泛国际交流 ····················· 114

第十一章 创新求索 ··················· 116

喜迎信息化大潮 ···················· 117
GF10 功能分布式计算机系列 ·············· 119
GF20 功能分布式计算机系列 ·············· 126
BJ 并行计算机系列 ··················· 132
国家攀登计划项目 ··················· 135

| 第十二章 | 研究生培养 | 138 |

| 第十三章 | 学术交流 | 148 |

国内学术交流 ················· 148
国际学术活动 ················· 153

| 第十四章 | 学术无止境 | 159 |

三进制计算机 ················· 159
数据流计算机 ················· 160
剩余数计算机 ················· 160
量子计算机 ··················· 162
人体经络 ····················· 163

| 第十五章 | 温馨之家　最好妈妈 | 166 |

琴瑟和鸣营造温馨家庭 ········· 166
潜移默化　言传身教 ··········· 170
善待他人 ····················· 172
自强自立 ····················· 174
相携终老 ····················· 175

| 结　语 | 科学精神与科学传播 | 180 |

| 附录一　夏培肃年表 | 188 |

| 附录二　夏培肃主要论著目录 | 205 |

| 参考文献 | 209 |

| 后　记 | 210 |

图片目录

图导-1　夏培肃的手稿 …………………………………………………7
图导-2　夏培肃访谈现场照片 …………………………………………8
图1-1　夏培肃的父亲夏鸿儒 …………………………………………10
图1-2　夏培肃的母亲黄孝永 …………………………………………11
图2-1　二十世纪三十年代南开中学校门 ……………………………18
图2-2　数学老师唐秀颖 ………………………………………………18
图2-3　二十世纪四十年代中央大学教授吴大榕 ……………………23
图2-4　夏培肃大学毕业照 ……………………………………………25
图2-5　二十世纪四十年代国立中央大学毕业生名册封面 …………26
图2-6　夏培肃生活照 …………………………………………………28
图2-7　杨立铭在爱丁堡大学 …………………………………………32
图2-8　夏培肃获英国爱丁堡大学博士学位照 ………………………33
图2-9　夏培肃与杨立铭结婚照 ………………………………………34
图2-10　夏培肃与杨立铭在爱丁堡大学合影 …………………………34
图5-1　计算所第一任所长阎沛霖 ……………………………………57
图5-2　赴苏联考察团 …………………………………………………58
图5-3　第三届训练班工作人员合影 …………………………………67
图6-1　107计算机 ……………………………………………………76
图6-2　107计算机的全景照片 ………………………………………77
图7-1　中国科学技术大学计算机专业教工 …………………………83
图7-2　夏培肃主编的部分计算机原理讲义 …………………………89
图9-1　夏培肃夫妇和大儿子在五七干校 …………………………103
图10-1　150-AP计算机 ………………………………………………113
图11-1　GF-10/12及其研制组部分成员 ……………………………121
图11-2　夏培肃指导学生进行元器件性能测试 ……………………125

图 11-3	GF20/11A 是世界上第一台汉字微型计算机系统	129
图 11-4	夏培肃在查阅资料	130
图 11-5	夏培肃在办公室	131
图 11-6	夏培肃夫妇与王选、陈堃銶夫妇合影	131
图 12-1	夏培肃与胡伟武讨论问题	140
图 12-2	夏培肃与李国杰合影	142
图 12-3	夏培肃在计算所会议室	146
图 12-4	夏培肃从教五十周年纪念	147
图 13-1	《计算机学报》封面	149
图 13-2	*JCST* 封面	150
图 13-3	夏培肃与金怡濂讨论问题	153
图 13-4	夏培肃获赫里奥-瓦特大学名誉博士学位	154
图 13-5	夏培肃主持亚太计算机教育会议讲话	156
图 15-1	夏培肃和两个儿子	168
图 15-2	夏培肃全家福	172
图 15-3	夏培肃在工作	175
图 15-4	与杨立铭在北京大学	176
图 15-5	学部负责人师昌绪授予夏培肃学部委员证书	177
图结-1	计算所领导看望夏培肃	184
图结-2	计算所领导看望夏培肃并送去九十寿辰纪念画册	185

导 言

夏培肃（1923—2014），祖籍四川江津，著名计算机专家和教育家，中国计算机研究的先驱和我国计算机事业的重要奠基人之一。夏培肃是中国最早从事计算机研究的三人小组成员，也是小组中唯一坚持了下来的成员。她在计算机领域取得一系列成就，见证并推动了中国计算机事业的发生和发展。

1923年7月28日，夏培肃出生于四川省重庆市（重庆现为直辖市）一个教育世家。祖父夏风薰从事教育工作四十年，推动了当时江津县的文风，父亲夏鸿儒曾在江津县办学和办实业，母亲黄孝永曾任江津女子小学校长、江津女子中学教员等，母亲用一套独特的方法教育她和她的姐妹们。1940年，夏培肃高中毕业，考入重庆国立中央大学电机系；1945年免试进入交通大学重庆分校电信研究所攻读研究生；1947年通过留学考试成为英国爱丁堡大学电机系的博士研究生，主要研究电路理论、自动控制和非线性常微分方程及其应用，1950年获英国爱丁堡大学哲学博士学位，1951年成为该校的博士后。在英国的学习，为后来夏培肃从事计算机电路研究和设计工作奠定了坚实的基础。

在英国期间，夏培肃和杨立铭结为伉俪。1951年10月，夫妇二人应清华大学校务委员会副主任周培源的邀请回国。1952年，中国科学院数学研究所华罗庚所长提出要在中国研制电子计算机,于是在清华大学电机系物色了三位电信和电子学方面的科技人员,夏培肃和闵乃大、王传英被选中,组成中国最早的电子计算机三人研究小组。1953年至1956年,夏培肃先后任中国科学院数学研究所和物理研究所副研究员,1956年,她参与筹建作为国家四项紧急措施成立的中国科学院计算技术研究所,并在这里为计算机事业奉献了一生。

计算技术研究所筹建时,首要任务就是培养我国计算技术的专业人才。夏培肃作为计算机训练班的业务负责人,培养了七百多名计算机方面的科技人员,奠定了中国计算机事业的人才基础。她在训练班主讲"电子数字计算机原理"课程时,编写了《电子计算机原理》,这是我国在这方面第一本正式的讲义。计算机的一些基本术语和名词本来都只有英文,她在编写这本讲义时都意译为中文,在全国一直沿用至今。

夏培肃一生强调自主创新在科研工作中的重要性。1958年,她负责设计研制通用电子数字计算机107机,这是我国第一台自行研制的通用电子数字计算机,用事实和行动证明了当时中国人有能力、有志气设计和研制自己的计算机。

夏培肃一生奋战在科研一线,取得了丰硕的科研成果。她提出使计算机大幅度提高运算速度的最大时间差流水线原理,大大缩短了流水线计算机的时钟周期。她负责研制成功高速阵列处理机150-AP,150计算机的运算速度是100万次每秒,而150-AP的运算速度达到了1400万次每秒,用低成本实现运算速度高于美国当时对我国禁运的同类产品的运算速度,在国际上受到了巨大关注,为我国石油勘探作出了重大贡献。她主持功能分布式计算机系统,领导团队研制成功了GF10系列计算机,使该方向后来成为计算技术研究所一段时间内的研究重点。

夏培肃认为研究工作一定要有很强的超前性,她在上世纪九十年代初即深深体会到高性能计算机的开发和应用关系到国家的整体实力,在推动相关工作的同时提出国家应该大力开展超大规模集成电路的设计和制造,否则将永远受制于人。后来,她培养的研究生在这两个领域均做出了卓越的贡献。

从上世纪六十年代起，夏培肃开始培养研究生，她根据研究生的能力和兴趣，引导他们从事科研工作。她不但对研究生在业务方面严格要求，更重要的是以身作则，要求研究生有良好的科学道德。她一共培养了六十多名研究生，不少人都取得了令人瞩目的成绩。

除了科研和培养人才外，夏培肃还创建了中国科学技术大学计算机专业，创办了在中国计算机领域最具影响力的《计算机学报》和对国外发行的 Journal of Computer Science and Technology，并担任主编。她主持编写《英汉计算机辞典》，担任《计算机科学技术百科全书》副主编等。

夏培肃的一生与她所处的时代紧密相连，在历经了国家磨难和个人艰苦求学后，她立志科研报国，一生与科学为伴，为推动中国的计算机事业做出了卓越贡献。她1985年获英国赫里奥－瓦特大学名誉科学博士学位，1991年当选为中国科学院院士（学部委员），2011年获首届中国计算机学会CCF终身成就奖。

夏培肃虽然是女孩，又从小体弱多病，但是家里非常重视对她的教育，包括文史方面的教育，使她认识到中华文化的博大精深，了解了中国历史上仁人志士的精神风貌，从而在无形中形成了强烈的爱国情怀。抗日战争时期，夏培肃在重庆读书，生活学习条件十分艰苦，但是她求知欲很强，不仅专业课学得扎实，还自学选学了很多其他课程。目睹了国家腐败、民不聊生的现实，夏培肃读完研究生课程后决定赴英国求学，回国后再实现科技报国的理想。她当时对妹妹说："现在你们搞革命，以后我们回来建设新中国！"

在英国读博士期间，夏培肃看到英国地理教科书上面讲中国的男人抽鸦片，女人缠小脚。她当时很生气，说中国现在不是那个情况了，教科书太落后了，但房东太太坚持认为中国就是贫穷，就是落后。在异国他乡亲身感受到国家落后所蒙受的屈辱，这种屈辱是刻骨铭心的。夏培肃说她当时的想法就是：宁愿中国让别人恨、让别人害怕，也不愿中国被人看不起！

"文化大革命"期间，夏培肃受到冲击，进入了她的人生低谷。但即使靠边站了，不再负责科研任务，她还为717计算机设计研制成功一台带有震动台的插件测试设备；针对高速信号在大型计算机中传输时的反射、串扰等现象导致的系统不稳定问题，她提出了全机信号传输系统特性阻抗匹配的思想和工程实施方案；她提出了可以大幅度提高流水线工作频率的最大时间差流水线设计原理。

在这些磨难前，夏培肃表现出了一个女科学家不屈不挠的斗志和决心，以她弱小的身躯迸发出无穷的力量，成为新中国女性科学家的代表。

一位女性要实现工业报国的理想，不论在国内还是国外都是一个难题，特别是在男女平等观念深入人心前。夏培肃前往英国留学时，英国人也没有多少女性学工科，她是爱丁堡大学电机系唯一的女研究生。当时，国内的情况也大体如此。夏培肃在那个年代能立志工业报国是要有很大勇气的。

作为女性要想兼顾事业和家庭，则又是一个不小的难题。夏培肃认为，其实很多女性是非常优秀的，只是没有机会来发挥自己的潜力，很多很优秀的女性才能都被埋没了，这既是个制度问题，又和中国的传统观念相关。国家应该从制度层面上来考虑这个问题，以便让妇女发挥更大的潜力。

夏培肃曾经对后辈的女科技工作者提出过"四要四不要"的勉励。其中的"四要"是：第一要有理想；第二要勤奋执着，不怕失败；第三要诚信，遵守科学道德；第四要有自知之明。"四不要"是：第一不要自卑；第二不要自负；第三不要刻意去追求名利；第四不要错过结婚和生育的年龄。

夏培肃有一个令人羡慕的温馨家庭。她和丈夫杨立铭1945年邂逅于重庆沙坪坝原国立中央大学校园，从此开始了他们半个多世纪的情缘。夏培肃觉得他们两人之所以合得来，很重要的一点就是有共同的兴趣，有共同的理想，都希望为祖国的科学事业添砖加瓦。所以1950年他俩结婚后不久，就一起回到新中国，报效祖国。一个是著名物理学家，一个是计算机研究领域的泰斗，1991年，两人同时成为中国科学院院士，被尊称为"科苑双星"。

夏培肃有三个儿子。大儿子杨丰南在夏培肃三十二岁（1955年）时出生，于1962年不幸夭折。二儿子杨跃年1959年出生，中国科学技术大学计算机系毕业，在美国获得光学和计算机两个硕士学位，现在美国Intel公司工作。小儿子杨跃民1963年出生，吉林大学物理系毕业，在美国获得物理和电机两个硕士学位，曾在美国著名的网络公司（Novell公司）工作。杨跃民在父亲杨立铭病重时回国照顾父亲，父亲过世后，就一直留在国内陪伴在母亲身边，直到母亲去世。

作为一名女科学家，夏培肃超俗的品格在计算机界为人称道。她淡泊名利，但是对于学术风气和研究生培养，却是认真而严格。她当选院士（学部委员），是由王大珩和师昌绪两位院士主动推荐的。当选院士后，夏培肃也并不认为自己比别人高明，对自己不很了解的事情，从不随便发表意见。她认为要做好学问，一定要先做好人。

老科学家是国家科技发展的活档案，作为中国计算机事业奠基人之一的夏培肃更是见证了计算机的发生发展。夏培肃非常重视科研的传承和他人的贡献，她笔记中记录的中国最早的计算机培训班情况，成为我国第一代计算机专业人才成长的史料；她一直工作在科研一线，亲笔撰写的手稿和设计的图纸是国内计算机科技史上珍贵的资料。夏培肃非常重视对这些资料的归档，但不幸的是，她的很多手稿和科研档案在"文化大革命"中被烧毁。

夏培肃为人低调，除了科研交流很少去谈工作之外的事情，她又淡泊名利，和丈夫杨立铭均未担任过较高的行政职务，所以单位和媒体对她的报道很少，从未出版过有关她的传记作品；在一些对她的简单报道中，能够收集的材料也不过万字。

老科学家学术成长资料采集工程对于我国计算机发展研究以及夏培肃的学术研究产生了重要影响，可以说是做出了挽救性的贡献。采集工程从开始之日起即邀请了夏培肃培养的第一位研究生韩承德研究员全程参与组织、策划、采访、撰稿。韩承德一直与夏培肃同在计算技术研究所工作，研究领域相近，对夏培肃的研究工作和学术经历十分熟悉，并曾帮助夏培肃带出了几名优秀的研究生，可以说是在夏培肃学术成长经历的把握上最有发言权的人。唐志敏研究员是夏培肃最重视的研究生，九十年代后一段时期内边在夏培肃身边工作边担任她的助手，对她的后期学术经历和贡献比较熟悉。作者之一祁威在2000年前后因为编制《中国科学院计算技术研究所四十五周年发展史》时，开始和夏培肃接触，多次对她进行采访和约稿，并从工作的角度安排过她的几次学术报告，对夏培肃怀有崇敬之情。三位作者的精诚合作深入挖掘了有关夏培肃的很多珍贵史料，披露了一些鲜为人知的事件和历程，体现了采集工程本身所追求的对历史负责、对国家负责、对科技事业负责的精神，弘扬了老科学家求真务实、无私奉献的精神。

夏培肃一生不愿被宣传报道，从未有过大传，但当采集小组向她汇报了中国科协组织实施的采集工程后，她十分重视这件事情，认真回忆了自己的一生，多次接受采访，整理自己尚存的手稿和文献，并将她认为有价值的四十余份手稿和二十余份证书原件等全部捐献给老科学家学术成长资料馆藏基地。采集小组人员同时深入中国科学院档案馆、中国科学院计算技术研究所档案室、夏培肃求学过的大学、中学进行资料采集，得到了很多珍贵的照片、图片和资料扫描件，连同采集过程中形成的摄影、摄像作品，共同充实老科学家学术成长资料档案，这些工作使夏培肃采集小组获得了优秀资料采集小组的荣誉。

夏培肃生前对采集工作十分支持和配合，她给采集人员讲述了很多她的观点并提供了可以研究的线索，帮助采集小组接触到多位她早年工作学习场景中的同事，了解事实，丰富文稿内容。

因为整体资料的缺少，我们不得不反复和夏培肃沟通、确认，并采访早期与她共同工作过的老同志，例如找到了同是我国第一个计算机科研小组成员的王传英先生，还访谈了夏培肃早期在计算机训练班的同事、助手和学生数十人，以此来获取更多的素材。三位作者还先后与夏培肃曾经工作或合作过的单位中国科学院计算技术研究所、中国科学院数学研究所、中国科学技术大学，曾经求学过的交通大学、东南大学、南开中学、江津中学等进行沟通和实地采访，以获得第一手的文稿素材。

夏培肃的秘书刘凤芹、两个儿子杨跃年和杨跃民全程支持了采集工作，为我们提供了很多她家庭生活的背景和素材。此外，夏培肃的研究生胡伟武研究员和王剑研究员提供了很多采访线索，并委托六名夏培肃在学的博士生协助整理素材和采访沟通，为采集工作的顺利完成提供了诸多帮助。

基于对夏培肃生平的理解和采集工作的成果，我们在撰写传记时将全书分为四大部分，总计十五章内容。其中第一大部分包括第一、二、三章，叙述了夏培肃出生的家庭背景和求学经历，在这一阶段，她通过努力进取成长为站在时代科技前沿的一名优秀学子，并初步形成了自己的人生观和世界观。第二大部分包括第四、五、六、七章，讲述了夏培肃作为中国计算机事业的开拓者和奠基人所作过的开创性工作，这是夏培肃拼搏奋斗成为计算机领域学术大家的重要阶段。第三大部分包括第八、九、十、十一章，记录了夏培肃在逆境中和改革开放后的学术思想和学术成就，并从时代发展角度对她各项成就的取得予以剖析，这一阶段，夏培肃克服了种种困难，在科研中继续攀登，是能够站在瞬息万变信息领域前沿的学科带头人。第四大部分包括第十二、十三、十四、十五章，介绍了夏培肃在研究生培养、学术交流和家庭生活几方面的情况，她天然而成的待人和处事态度充分体现了对人生、对自然规律的深刻认识，我们也希望借此来完整地衬托体现夏培肃的学术人生。全书内容丰富紧凑，阐述了夏培肃被誉为"著名计算机专家和教育家、我国计算机研究的先驱和我国计算机事业的重要奠基人之一"的历史、社会和个人因素，文中很多内容都属于首次披露，是低调一生的夏培肃的最好记忆。

　　在历时近两年的采集工作中，夏培肃思路清晰、表达流畅、精神健硕，虽偶有微恙，却丝毫感觉不到她是一位九十岁的老人。然而，在书稿即将修改完成之际，我们悲痛地得到了夏培肃先生猝然长逝的消息，她因病医治无效，于北京时间2014年8月27日11时10分在北京中日友好医院逝世，享年九十一岁。

　　书稿在写作中，曾有部分内容涉及夏培肃家庭，她认为和学术无关，建议删除。因为采集小组认为如果以书的形式呈现给读者，应该尽量使人物形象饱满，所以还是保留了该部分内容。

图导-1　夏培肃的手稿（撰写于1952年）

图导-2　夏培肃访谈现场照片（2011年）

夏培肃由于家庭成分原因，在为计算机科学做出了诸多奠基性工作后，抽出了大部分的精力去培养人才，"文化大革命"期间又靠边站，所以她承担的国家级重大项目并不多，但是她在逆境中取得的成就和历史地位却是客观存在，虽然书稿字数仅二十多万字，但是能够完整描述夏培肃一生对中国计算机事业的重要贡献，这与采集小组不懈的努力以及众多业界专家对夏培肃奠基性和开拓性工作的认可是分不开的。本书在稿件的修改完善中充分听取了樊洪业研究员、张黎研究员的建议，力求把夏培肃个人的学术成长过程写得翔实、丰满，把她在中国计算机发展过程中的作用梳理清楚，同时尽量把她的学术成就与计算机科学技术发展的不同时代结合，把夏培肃作为中国计算机领域的奠基人的史实更好地呈现出来。

夏培肃怀揣科技报国的拳拳之心，凭借其坚韧不拔的耐心与努力，一生致力于计算机事业的耕耘，她品德高尚，工作严谨，是我们学习的崇高楷模。本书中生动、翔实地记录了夏培肃的学术经历，展示了老一辈计算机科学家朴实、平凡而又崇高的精神境界和个人风采。

第一章
家庭教育

出身教育世家

1923年,夏培肃出生在四川重庆。她的原籍四川江津。江津历史文化悠久,因地处长江要津而得名,古代为巴国属地,清朝时属四川省,现为重庆直辖市的一个区。

夏培肃的祖父夏风薰,字咏南,是清代的秀才。夏风薰幼年丧父,家境贫寒,在母亲的大力支持下,几乎是靠自学成才,补廪[①]后当私塾老师。夏风薰在国学方面有较深的造诣,特别是对《左传》和王夫之的著述进行了深入的研究。

清朝末年,废科举办新学,县长请夏风薰来推动全县的教育事业。由于当时教育经费短缺,夏风薰就到处去募捐,走遍了县里的各个乡镇,募捐到两万两白银,陆续创办了二百多所小学和几所中学。他在1906年创办

---

① 廪,指粮食。廪生,明清两代称由府、州、县按时发给银子和粮食补助生活的生员。

的江津中学，至今已经一百多年，在当地很有名气，培养了很多人才，聂荣臻元帅就曾在那里求学。夏风薰办教育的理念是"有教无类"，即不管贫富贵贱，都一视同仁。他不仅教学生如何读书，更重要的是教学生如何做人。夏风薰从事教育工作四十年，培养了很多学生，推动了当时江津县的文风。

夏风薰事寡母至孝，在当地传为佳话。身教胜似言传，夏风薰去世后，学生们主动成立了一个"同化会"，每年在他的生日时，学生们从各处赶来聚会，以缅怀恩师的教诲。

夏培肃的父亲夏鸿儒，字芝宇，1881年出生，年幼时过继给叔叔夏风薰为子。在夏风薰的教导下，孔孟之道深入夏鸿儒的脑海，他的政治理想是《礼记·礼运篇》中的"大同之世"，他的为人原则是"己所不欲，勿施于人"和"泛爱众，而亲仁"。夏鸿儒是举人，曾任刑部主事等职，目睹了清廷的腐败和无能，他意识到中国必须有一次大的变革，国家才有希望。后因生母去世，丁忧①回到四川。

1911年，辛亥革命前夕，清政府将集股商办的川汉铁路收为国有，与美、英、法、德四国银行团订立借款合同，公开出卖铁路的修筑权。四川人民为了反对清廷的作为，发动了反帝保路斗争，组织了"保路同志会"，成都等地罢市、罢课，声势浩大。夏鸿儒是"保路同志会"的积极分子。当年9月，四川总督诱捕了"保路同志会"骨干蒲殿俊、张澜等九人，并屠

图1-1 夏培肃的父亲夏鸿儒

杀示威群众多人，夏鸿儒等四处奔走，设法解救被捕同志，这些情况在四川省志上有记载。

---

① 丁忧：遭到父母的丧事。

民国时期，夏鸿儒曾任四川省参议员、四川省万县统捐局局长等职。目睹了官场的黑暗，再加以军阀混战，民不聊生，夏鸿儒毅然离开政治舞台，回到老家江津，兴办教育和实业。

夏鸿儒坚信教育可以改变人们的愚昧状态，他多方筹集资金，陆续开办了一些小学和中学。江津的乡镇图书馆藏书甚少，夏鸿儒便捐赠了大量图书，以充实馆藏。为了发展家乡的经济，他与亲友们共同兴办了一些实业，包括发电厂、缫丝厂等。

夏鸿儒在参加四川保路斗争时，结识了张澜，在思想上受张澜的影响较深。抗日战争期间，张澜亲自发展夏鸿儒参加民主同盟，夏鸿儒在江津县建立了第一个民盟支部，并动员他的一些朋友参加。上述内容在重庆民盟的档案中有记录。

夏鸿儒是一个有正义感的人，他同情弱势群体，反对"强凌弱，众暴寡"，他不畏权势，常出面为人伸张正义，排忧解难，受到当地人民的尊重，但也得罪了某些人。他为人和善，平易近人，常以米、钱等物资助贫困的穷人。夏鸿儒和夫人在家中制备了多种常用的药品，如外伤药、中暑药等，无偿提供给患病的人。在当地，人称他为"夏善人"。

夏鸿儒有五个女儿，他丝毫没有"女子无才便是德"的思想，他支持、鼓励女儿们求学、深造，并尽力为她们筹措学习所需费用。

夏培肃的母亲黄孝永，1899年出生，是夏鸿儒的续弦，比他小十八岁。黄孝永幼时上过私塾，毕业于女子师范学校，接受过新式教育。黄孝永在江津县曾创办县立女子小学并担任校长，后担任江津县

图1-2 夏培肃的母亲黄孝永

第一章 家庭教育

立女子中学国文教员。作为知识女性，黄孝永深感现实生活中的男女不平等，她认为女性的聪明才智决不低于男性，女性应该和男性享有同样受教育和工作的权利，这样对国家和个人都有益处，这也是她积极投身女子教育的初衷。黄孝永做事认真，持家勤俭，对孩子们从不娇生惯养，她为夏培肃姐妹的教育付出了大量的心血。

夏培肃有两个姐姐和两个妹妹。长姐夏淑媛是夏鸿儒的元配杨氏夫人的养女，早年出嫁，是家庭妇女。二姐夏培雍，就学于武汉大学法律系，中华人民共和国成立后任江津中学高级教师，教授英语和高中三年级的语文，直到六十五岁退休。夏培雍是一位优秀的语文老师。她工作任劳任怨，曾同时教高三毕业班七个班的语文，培养的学生逾万人，很多人考取了名牌大学，不少学生后来成为大学教授和高级工程师，还有学生当上了将军。

夏培肃的大妹妹夏培静，就学于中央大学外文系，后任大连理工大学英语副教授，中共党员。中华人民共和国成立前，夏培静是"反饥饿、反内战、反迫害"学生运动的积极分子，曾上国民党特务的黑名单，后改名换姓在上海做党的地下工作，直到上海解放。夏培静的文学造诣在姐妹中最好，她在上初中以前，就会写诗和小说，后来发表多篇小说，1946年曾获"茅盾文艺奖"[①]。中华人民共和国成立后，夏培静出版过多本英文译著，编印过多本英语教学教材。

夏培肃的小妹妹夏培卓，就学于北京师范学校，后任北京第四中学高级语文教师，中国作家协会会员，北京作家协会会员，擅长撰写报告文学。夏培卓曾任中央人民广播电台特约记者及多种杂志特约撰稿人，发表文章数百篇，著作三十四部，部分作品被美国国会图书馆、斯坦福大学东亚图书馆和俄亥俄州立图书馆收藏。

夏培肃是幸运的，她出生在一个重视教育、作风开明的教育世家。祖父传下来的学风和家风、父母亲的言传和身教、在家中学习时和姐妹

---

① 1945年抗战胜利后，为了庆祝矛盾五十岁寿辰，并掀起短篇小说的热潮，由文艺界共同发起。

们的相互切磋，使得她身上埋下了正直、善良、努力及为他人着想的品格特征。

母亲的教育

夏培肃两三岁时，黄孝永开始教她背诵《唐诗三百首》中的一些五言绝句和乐府。四岁半时，姐姐夏培雍到了上小学的年龄，夏培肃闹着要和姐姐一道去上学，母亲同意了。这样夏培肃就成为了一名正式的小学学生。姐妹俩在小学上的第一堂课学的内容是"大狗叫，小狗跳"。黄孝永认为在学校里学的东西太简单，就给她们增加了不少课外知识，订了《儿童世界》和《小朋友》两种刊物，买了一些世界著名科学家的挂像。这样，夏培肃从小便知道牛顿、爱因斯坦、居里夫人，居里夫人从那时起就成为夏培肃终身崇拜的偶像。有一次，黄孝永在一本画报上看到了金陵女子大学校长吴贻芳[①]博士的照片和事迹，十分钦佩，就找来相关资料，让女儿们向她学习。黄孝永还教女儿背诵《木兰诗》，女英雄花木兰给小时候的夏培肃留下了深刻的印象。

为了让孩子们了解中国历史，黄孝永买了一张很大的挂图，挂图以框的形式勾画出中国历史上各个朝代的名称和先后顺序，框中还标注了各个朝代的起止时间、国都所在地和帝王姓氏等。同时，黄孝永教女儿们背诵《历代帝王歌》，她有时间就给女儿们讲一些中国历史上的故事，使得她们从小就知道中国有悠久的历史，有哪些朝代，有哪些帝王，并对各个朝代的先后顺序和帝王姓氏了如指掌。

夏培肃上了四年半小学后，1932年生了一场病，只得和姐姐辍学在家。于是黄孝永自己教她们读《四书》和《唐诗》，籍此提高她们的古文阅读能力和文学修养。时隔八十年，夏培肃还能背诵一百多首唐诗，白居

[①] 吴贻芳（1893-1985），号冬生，江苏泰兴人，生于湖北武昌，中国第一届女大学生，第二位大学女校长。1928年受聘于母校金陵女子大学，先后主校二十三年。

易的《琵琶行》和《长恨歌》可以一字不漏地背诵出来，《论语》《孟子》等也还能记得一些。

在家里学习没有学历，于是黄孝永考虑让夏培肃姐妹按同等学力参加县里举办的小学毕业会考，考试通过后，可以获得小学毕业证书。

当时，小学五、六年级的主要课程是语文、算术、历史、地理和自然，教材没有统一的标准，有"新学制""新中华""新主义""新时代"四种版本，它们的内容不完全相同，不同的学校使用不同的版本。因为小学五、六年级共四个学期，这样，每种课程就有十六本不完全相同的教材。黄孝永把每一课程的四个学期的四个版本的主要内容综合起来，去掉一些不必要的文字，成为一种新版本，让夏培肃姐妹学习，并请了一位曾经当过小学教师的亲戚来辅导。

就这样，在家里学习了半年，夏培肃姐妹就把五、六年级的主要课程全部学完了，之后她们去参加县里的小学毕业会考，考试成绩出来后，夏培雍列全县第三名，夏培肃列全县第二十五名，当时她还未满十一岁。

小学毕业后，照理应该上初中，但黄孝永认为当时对女子教育不重视，当地没有好的女子中学，于是她决定安排女儿继续在家里学习。黄孝永请了一位亲戚教授英语，她自己亲自教授语文和历史。

黄孝永认为一个人在孩童时代的记忆力最好，此时可以多背诵一些古文，为以后的学习打下基础。她为夏培肃姐妹安排了很多古文课程，并制订了周密的学习和阅读计划。

夏培肃在这一阶段主要学习了《左传》《诗经》中的《国风》和《古文观止》。在学习《古文观止》中文章的同时，附带学习一些有关的诗文，例如，学司马迁的《屈原列传》时，附带学习屈原的《离骚》；学陶渊明的《归去来辞》时，附带学习他的诗；学李密的《陈情表》时，附带学习《孝经》；学李华的《吊古战场文》时，附带学习杜甫的《三吏》《三别》；学诸葛亮的《前出师表》和《后出师表》时，附带学习岳飞的《满江红》和文天祥的《正气歌》；母亲黄孝永还会给她们讲《正气歌》中提到的苏武、董狐、张睢阳、颜常山等人的事迹等。这些内容都在夏培肃心中留下了无比深刻的印象。

黄孝永还安排夏培肃学习了《古诗十九首》《孔雀东南飞》，曹操的《短歌行》、杜甫的《羌村三首》、张若虚的《春江花月夜》等。

黄孝永看了《曾国藩家书》后，对曾国藩对其子弟要求甚严的家庭教育颇为赞同，于是让女儿熟读《朱柏庐治家格言》。她认为，时代虽然变了，但这篇文章中的一些内容仍然值得学习。一直到现在，夏培肃还可以背诵这篇文章。

黄孝永安排女儿们读老子的《道德经》和庄子的《逍遥游》，她认为，现在虽然读不懂，但多少会有些印象。

闲暇时，夏培肃自己也会阅读家中的藏书，包括《万有文库》和一些中外名著，这种对古今中外著作的广泛阅读习惯一直伴随夏培肃。

由于黄孝永在文史方面对夏培肃的精心教育，使得她从小就认识到中华文化的博大精深，了解到中国历史上仁人志士的精神风貌，从而在无形中产生了强烈的爱国主义思想。

一年半后，1936年初，黄孝永请了她的一位同事教女儿数学。当时的数学教材如《欧氏几何》《范氏大代数》，都是将外国的教材直接翻译成中文。这位老师认为初中和高中的数学有不少重复之处，建议直接学高中数学。夏培肃虽然学了几年古文，但是最有兴趣的是数学，在这位老师开始讲代数以前，她就像做数学游戏一样，已经做了《范氏大代数》中的不少题目。夏培肃对平面几何特别感兴趣，甚至到了痴迷的程度，有一次碰到了一道几何难题，老师都证明不出来，她想了很久，后来在夜里睡梦间证明出来了。

在学习高中数学的一年半时间里，夏培肃把代数、平面几何、立体几何和三角都学完了，并且还学习了初中的其他课程。在这一阶段的学习中，尤其是平面几何的学习，大大增强了夏培肃思维的逻辑性。

在家里学习的主要缺点是什么？夏培肃认为最主要的是没有接受过正规的体育锻炼。姐妹们学习累了，就在一起踢毽子、跳绳、打乒乓球、拍小皮球，家里没有条件做篮球、排球这样的运动，也没有人系统地教她们锻炼身体，所以夏培肃一直身体瘦弱，上高中后体育成绩不佳。

除了学习功课外，黄孝永还教夏培肃学做家务，包括烹饪、缝纫、刺绣、织毛衣等。上世纪四十年代夏培肃在英国学习时,所穿的旗袍和裙子都是自己缝制的,而她和爱人所穿的毛衣也全部是她自己手工编织的,她设计和编织的绣花毛衣在英国的织毛衣比赛中曾经获奖。

母亲对夏培肃的培养费尽心血,使她受益终身,母亲也成为夏培肃一生中最感谢的人。

第二章 求学历程

南 开 中 学

1937年夏，夏培肃和姐姐夏培雍以同等学力考上了重庆南渝中学[①]的高中，妹妹夏培静于1938年夏考上了该校的初中二年级。

南渝中学是我国著名教育家张伯苓创建的。张伯苓，出生于1876年，毕业于北洋水师学堂，曾经历过中日甲午战争，中国海军的全军覆没让他深深感受到战败的耻辱，于是退出海军，投身于教育事业。1904年，严范孙和张伯苓在天津严、王两馆（私塾）的基础上合并建成南开学校。日寇侵占东北后，张伯苓深感南开教育事业面临发展艰难甚至生存危机，因此打算在四川建立分校。1935年11月，他去四川考察。1936年，张伯苓在重庆沙坪坝先后购地三百余亩，建造教室和宿舍楼，建成重庆私立南渝中

[①] 1938年，南渝中学更名为私立重庆南开中学。1953年，学校由私立改为公办，更名为重庆三中。1984年，重庆三中恢复南开校名。2006年，在学校七十周年校庆时，夏培肃曾题词："饮水思源，深切感谢母校"。

学，同年录取二百四十余名初高中学生。1937 年，学校决定扩充招生计划，并增设女生部，建设女生宿舍楼一座（该楼因由吴受彤捐建，取名为"受彤楼"）。1938 年 9 月，南渝中学更名为南开中学。南开中学的师资力量雄厚，实验设备完善，是抗日战争期间全国最好的中学。

南开中学的校训是"允公允能，日新月异"。南开中学的教育注重德、智、体、美。如在美育方面，要求学生心灵美和形态美，女生宿舍的大门内有一面大的穿衣镜，学生离开宿舍时，都要在穿衣镜前照一照，看看头发是否梳好，衣服纽扣是否扣好。

在南开中学上高中时，夏培肃姐妹表现很出色。夏培雍曾在课堂上用文言和语文老师论辩，使全班同学大开眼界；夏培肃的数学成绩在全班也一直保持第一。南开中学的教学水平很高，在南开中学的学习，对夏培肃的帮助很大。

夏培肃的数学老师是唐秀颖。她讲课条理清楚，教学认真负责，用自己独特的方法去训练学生。据夏培肃回忆，唐秀颖老师在上课时，经常先抽几分钟时间做一次笔试小测验，看看大家对上节课知识的掌握程度和理解状况，这样同学们就不得不认真复习她讲过的课。平时，唐秀颖老师会花很多时间仔细修改同学们的习题和测试考卷，她的敬业精神，为夏培肃树立了

图 2-1　二十世纪三十年代南开中学校门

图 2-2　数学老师唐秀颖（2002 年）

非常好的榜样。

在南开中学，夏培肃的英文水平突飞猛进。喻娴文是夏培肃的英语老师。夏培肃原来在家里学习英语，老师用中文讲课，而南开中学的英语课采用英文授课，开始时夏培肃很不适应，特别是上英文的语法课，她很难听懂老师的话。为了学好英语，夏培肃每天都抽出时间去预习英语课课文，并将有关英语语法的词汇背熟，慢慢的，她的英语听力越来越好，英语学起来也就轻松多了。

在南开中学，最让夏培肃害怕的是体育课。夏培肃自小身体瘦弱，缺乏体育锻炼，在参加南开中学的入学考试前，又生了一段时间的病，所以各类体育项目的成绩都很差。上排球课时，夏培肃因为力气小，球发不过球网就落地了；上篮球课投篮时，球也抛不到篮的高度。但是，夏培肃做事非常有毅力，她暗暗给自己制订了锻炼计划。夏培肃住在女生宿舍楼"受彤楼"里，每天早晨天还未亮时，她就悄悄起床，蹑手蹑脚离开宿舍，到旁边的运动场上，一个人单独锻炼：做操、跑步、投篮……这样，坚持锻炼了几个月后，夏培肃身体就变得健壮一些，体育课也能及格了。

随着抗日战争的全面爆发，1938年1月，南开中学成立了"战时工作委员会"，下设募捐、救护、军事、话剧、演讲、壁报、漫画、歌咏八个组，从募捐、宣传、慰劳、战时训练四方面陆续开展工作。随后，女生在校内进行为期两周的战时训练。夏培肃在这期间接受了护士训练，包括如何照顾伤员、为伤员进行包扎，以及如何做护理工作等。暑假时，女学生和男学生一起在重庆接受军训。平时，除了到街上去募捐外，学校发下来为战士们裁好的棉衣棉袄，女学生们就负责缝好。

由于南开中学是私立中学，费用很贵，当时就读的学生很多都是国民党官员、高级知识分子和有钱人家的子女。夏培肃三姐妹的学费是一笔很大的支出，家里逐渐负担不起。于是，在南开中学读了三个学期后，夏培肃姐妹转入四川江津国立第九中学学习。

国立第九中学

国立第九中学[①]位于江津县对面长江岸边的德感坝镇，该校创建于1937年9月。抗日战争全面爆发后，国民政府撤退到了重庆，日军侵占华东、华中等地后，沦陷区大批难民和学生涌入四川，为了收容流亡学生，当局创办了一些中学，由国家负担师生们的学习、吃、住等全部费用，国立第九中学就是其中的一所。当时的国立中学招收的流亡学生大都以省籍划分，国立第九中学主要收容以安徽籍为主的学生，当地学生收得很少。不少流亡学生没有家，连父母在何处都不知道，学校就是他们的家。

国立九中的条件非常艰苦，狭窄的宿舍里除了一个双层通铺外，什么都没有，睡觉时学生一个挨一个地挤在一起，有一次，有一个学生身上长了疥疮，全宿舍的人都被传染。学校没有专门的食堂，学生们吃饭时就蹲在地上，八个人围着一个小小的洋铁皮盒，铁皮盒里装着煮蚕豆之类的菜。

1938年起，日本飞机开始轰炸重庆，老师和同学，一边学习，一边要跑日本飞机的空袭警报，每天都生活在惴惴不安中。国立九中的老师们工资很低，养家都困难，但是他们在这样艰苦的条件下还是能够认真地教学。师生们大都有国破家亡的惨痛经历，在学校里同仇敌忾的气氛很浓厚，后来很多学生走上了革命道路，有的到了延安。

国立九中里有国民党派来的军训教官，除了给学生上军训课以外，主要任务是负责监视老师和学生。有一位老师思想进步，遭到学校解聘，学生们对此不满，最终导致全校学生罢课，形成了一次学潮。夏培肃的姐姐夏培雍当时是班长，她积极支持学潮。后来学校开除了一些领导学潮的学生，恢复了上课，夏培雍虽然没有被开除，但被教官训斥了一顿。父亲知道学潮事件后，不但没有责备夏培雍，反而对她表示赞许。有一个同学被开除后，无家可归，在夏培肃家住了一段时间，后来去重庆找到了党的外

[①] 国立第九中学前身是安徽省立临时第二中学。1938年在抗战大转移时西行四川，在江津的长江北岸德感坝挂牌成立国立安徽第二中学。1939年至1946年称为"国立第九中学"。陈访先任校长。

围组织。

国立九中附近有一个伤兵疗养所，那些从前线退下来的伤兵在这里疗伤。学生们经常在路上看见伤员，很多人缺胳膊少腿，看着非常难受。伤员们的纱布绷带上有很多鲜红的血迹，护理人员就在长江里清洗，江水都染红了，夏培肃回忆起当时的情景，数度哽咽。

日本人在中国的暴行肆无忌惮，引起了中国人民的无限愤慨，年轻的夏培肃一边努力学习，一边暗下决心，上大学时要去学工程，学成后实现工业救国！

在国立九中，像夏培肃那样努力学习的还有很多人，他们毕业后，不少人考上名牌大学，后来成为新中国建设的重要力量，也有一些人成为中国科学院或中国工程院的院士。除了夏培肃以外，国立九中著名校友还有中国科学院院士"两弹元勋"邓稼先、中国科学院和中国工程院院士核动力科学与工程专家赵仁恺、中国科学院院士双水内冷汽轮发电机专家汪耕和中国工程院院士草原生物学家任继周等。

1940 年 7 月，夏培肃于国立第九中学毕业。她的学习成绩一直拔尖，毕业考试时成绩全班第一，数学考了 100 分。

国立第九中学在抗日战争结束以后就撤销了。

重庆中央大学

国立中央大学[①]是民国时期一所著名的大学，也是民国时期国立大学中系科设置最齐全、规模最大的大学。1937 年 11 月，中央大学从南京西迁至重庆沙坪坝，沙坪坝是嘉陵江岸边的一大片平地，离重庆市区三十

[①] 国立中央大学 1928 年由国立江苏大学改称而来。是民国时期中国最高学府，也是民国时期国立大学中系科设置最齐全、规模最大的大学。1949 年南京解放后更名为国立南京大学。1952 年院系调整后拆分为南京大学、南京工学院、南京师范学院等多所高校。位于中央大学原址的南京工学院 1988 年更名为东南大学。

里。由于搬迁早，学校所有的仪器设备和图书馆藏等都完整无缺地搬到了重庆。迁重庆后的中央大学成为当时名副其实的全国最高学府，有七个学院（文、理、法、工、农、医、师范），一个研究院，五十六个系，九个研究部，一个专科学校，一个附属中学，以及医院、农场、工厂等。1941年和1943年国民政府教育部两次遴选"声誉卓著，具有特殊贡献"的"部聘教授"四十五人，中央大学就入选十二人，超过其总数的四分之一。在抗战初期开始的全国大学名校"联考"统一招生中，有三分之二的考生将中央大学填报为第一志愿。

　　中央大学当时有两个系的课程最难，也最难考，一个是电机系，一个是航空系。因为在理科方面傲人的成绩，以及出于工业报国的理想，夏培肃当时自负地填报了电机系。1940年夏，夏培肃如愿以偿地考入重庆国立中央大学工学院的电机系。

　　抗战时期，中央大学的校舍很简陋，房子的墙主要是竹筋泥土墙，房顶覆以青瓦。学生宿舍是一个大统舱，宿舍的门内有一条不宽的通道，通道两旁全是双层床，四个双层床组成一间寝室，寝室的两边各有两张双层床，中间有两张桌子和四个凳子。

　　中央大学师生的生活也很艰苦，吃的米多是发过霉的，饭里面有很多稗子、沙子、小石子、杂草等，有时还有老鼠屎，同学们称之为"八宝饭"。由于伙食差，很多学生营养不良，还有一些学生生了病，就像肺病和胃病。夏培肃在中央大学上学期间患上了胃病，几十年来一直困扰着她。

　　中央大学一年级的新生在柏溪上课，柏溪位于由沙坪坝溯江而上三十里的嘉陵江畔。夏培肃大一在柏溪学习，除了和理科学生学习同样的课程外，还学习了投影几何和机械，并到金工、翻沙等工厂实习。

　　南开中学毕业生中有很多人考上了中央大学，其中有十几个女生，她们是夏培肃在南开念书时的老同学，在中央大学基本上都学理科或工科，夏培肃大一就和她们生活在一起。

　　升入二年级后到沙坪坝上课。中央大学在沙坪坝的最高处是松林坡，女生宿舍和图书馆都在松林坡上，环绕松林坡有一条不宽的马路，教室、实验室、礼堂、食堂、校医院等都在马路之外。

中央大学电机系的女同学很少，老师也不欢迎女同学。夏培肃回忆当时的情景：到沙坪坝后，去电机系报到时，系主任眉头一皱，说"又来了一个女的"，他认为女的不应该学工程。

夏培肃在沙坪坝的学习远不如在柏溪顺利。在柏溪时，理工科学生一年级的基础课程都是一样的，大都在大教室里上课，她们南开中学来的十几个女同学关系要好，抱成一团，可以在教室里占到好座位。到了沙坪坝，当初南开中学的那些老同学都分散到了不同的系，电机系只有夏培肃一人，女生宿舍离上课教室较远，夏培肃上大课时经常找不到座位，只能站在教室后面站着听课，老师讲课的内容听不清楚，黑板上写的字也看不清楚，连笔记都无法记。

电机系最基础的一门课程是"电工原理"，听课的人很多，夏培肃由于经常没有座位，只能站着听课，学习受到很大影响，到学期考试时，她虽然考及格，但其实并没有完全学懂。后来，她下决心重学一遍"电工原理"。重学的那段时间里，她放弃了吃早饭，早早去教室抢座位，坚持了一学期，这次她不仅能够听懂老师讲课，学期期末考试时，竟然考了九十多分。

电机系的课程繁重，从二年级开始，还要学土木系和机械系的一些课。电机系专业课的教科书都是英文的，教师用中文夹英文讲课，学生的实验报告都要求用英文书写。电机系有两门课最难学，一门是"直流电机"，一门是"交流电机"，主讲这两门课的是吴大榕[①]教授。吴教授知识

图 2-3　二十世纪四十年代中央大学教授吴大榕

[①] 吴大榕（1912-1979），江苏苏州人。1933 年毕业于交通大学电机系，后赴美国求学，1935 年获麻省理工学院硕士学位。1936 年回国，任国立中央大学电机系教授，并出任麻省理工学院南京校友会理事，曾致函号召在美国麻省理工学院的中国留学生回中央大学任职，发展祖国的教育事业。全国解放后曾任南京工学院动力系主任等职。

第二章　求学历程

渊博，讲课条理清晰，他善于引导学生学习，并经常给学生留一些自己思考的空间。夏培肃自从学好了"电工原理"，后续的专业课程也不觉得难学了。夏培肃还喜欢听吴大榕教授讲授的"交流电路"，她对电路瞬变过程的分析特别感兴趣。

吴大榕教授为人正直，治学严谨，夏培肃很佩服他，因此选择他作为毕业论文的指导教师。夏培肃的毕业论文是关于电机工作过程的分析和测试。她从吴大榕教授那里学会了模拟技术，那就是当两个系统的数学表达式相同时，可以用一个可计算的系统去模拟另一个系统，从而可以了解被模拟系统的运行情况。电路系统的电压和电流可以方便地计算出来，因而电路系统可用来做其他系统的模拟器。在吴大榕教授的教导下，夏培肃慢慢地知道了什么是科研，并初步学会了如何做科研。

夏培肃的求知欲很强，除了学习电机系规定的课程以外，还选修了德文，旁听了外语系的英诗，从数学系初步学习了拓扑学，自学了天文学，等等。

在中央大学，除了生活和学习本身的艰苦，学生们不能逃避的还有日本飞机对重庆的狂轰滥炸。重庆作为国民政府的陪都，1938年到1943年遭到了日本飞机的频繁轰炸，当时重庆挖了很多防空洞，日本飞机的空袭警报一发，老百姓就往防空洞里钻，为了方便百姓们进去，防空洞的门都是向里面开的。有一次日本飞机空袭重庆，警报解除以后，大家都想快点走出防空洞，由于人多，防空洞的门被人流压着，打不开了。防空洞里空气不够，上万人憋死在防空洞里面。这时候国民党的军警来了，他们不是赶快去救人，而是在死人身上去搜钱，因为跑警报时，人们都是把家里的钱财带在身上。这件事传开以后，大家都认为国民党的军警丧尽天良，同时也认识到国民党政府对老百姓的性命毫不关心。

1941年，中央大学爆发了罢教事件，再加上派系矛盾等诸多原因，校长罗家伦黯然辞职，教育部改派顾孟馀接任校长。顾孟馀在任期间，除继续进行更加全面的系科建设，还加强了科研工作，设置了比较完备的研究系统。1943年，因多方原因，顾孟馀辞职。为了挽留顾校长，学生们步行赴重庆歌乐山顾孟馀寓所请他留任，夏培肃也参加了这次学潮。他们一大早出发，晚上才回校，学校方面也比较支持顾孟馀，给学生们送了馒头，但顾孟馀仍然没有继续任职。国民政府发表声明由蒋介石兼任校长，并任命朱经农为教育长，驻校处理日常校务，学潮也就告一段落。夏培肃大学毕业时，校长是从教育部调来的次长顾毓琇。

由于目睹了当时国民政府的一些所作所为，夏培肃和她南开中学的一群女同学都勤奋学习，不愿参加政治和党团活动，全部精力都用在学业上。

中央大学的学生们虽然学习环境恶劣，政治斗争复杂，但是对生活还是充满激情，他们的课外活动也相当多。学校经常组织歌咏会，晚饭后，校园内的歌声此起彼伏，唱的主要是抗战歌曲，包括：《义勇军进行曲》《大刀进行曲》《游击队歌》《鸭绿江上》《松花江上》《在太行山上》《打回老家去》《到敌人后方去》等。学校还经常有篮球赛、排球赛、话剧演出。曹禺的话剧《日出》《雷雨》《北京人》《原野》，还有郭沫若等人创作的话剧也演出过。中央大学的校园里面也不乏一些有趣的事情，比如因为校长罗家伦的鼻子长得很大，有的男同学很调皮，写了一首打油诗："鼻子人人有，唯君大得凶。江南打喷嚏，江北雨濛濛。"

1945年春夏之交，夏培肃一个和她同时考上中央大学的国立第九中学的女同学来找她，神神秘秘地告诉她，机械系有一位助教，业务水平高，曾经发现美国的一本教科书里面有错误，就给作者写信指出错误，作者后来也承认了。这位助教的体育也好，是学校篮球队和排球队的队员，在排球队打后卫，不管对方发多厉害的球，他都能接着。同学把这位助教说得非常优秀，最后特地说，助教叫杨立铭，希望能够认识夏培肃。夏培肃当时听着，笑了笑，也没有太往心里去。不久后的一个聚会场合，夏培肃和杨立铭见面了，那位同学简单给他们介绍了一下，他俩互

图2-4　夏培肃大学毕业照（1945年）

相点了点头，就算是认识了。

那时，夏培肃即将从电机系毕业，她感觉学工程有很多东西知其然而不知其所以然，因此想毕业后转到物理系去学两年物理。

1945年夏天，有一天晚饭后，杨立铭跑到女生宿舍门口，约夏培肃出去走走，夏培肃大方地答应了。两个人在校园内漫步并交谈着。

杨立铭告诉夏培肃，自己考取了公费留学，马上就要动身去英国学习，根据自己的条件和爱好，他去英国打算改行学物理。夏培肃那两天也正在跑转学去物理系的手续，她马上也谈了自己的兴趣和特长。两个人都没有想到，他们的兴趣和爱好如此相近。两颗年轻的心在不知不觉间碰撞在一起。

两人约定，以后继续保持联系。

夏培肃大学毕业后，吴大榕教授告诉她可以推荐她去交通大学电信研究所攻读研究生，夏培肃权衡之后，决定去交通大学。

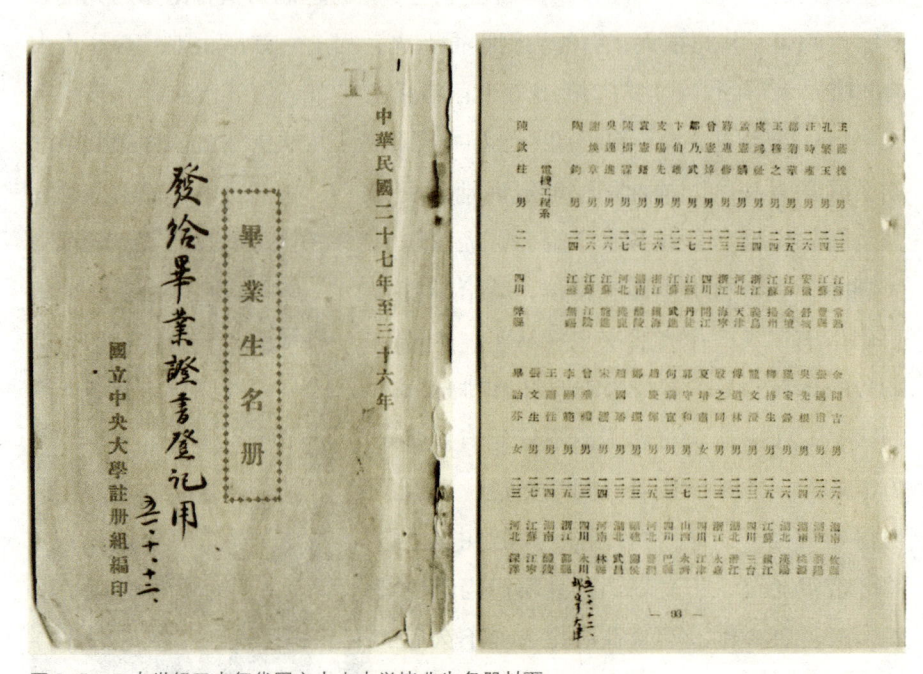

图2-5　二十世纪四十年代国立中央大学毕业生名册封面

交 通 大 学

抗日战争期间，交通大学从上海搬迁到重庆，校址是离沙坪坝二十里的九龙坡，在那里建立了分校。1943年，交通大学和交通部电信总局等单位合作，经教育部批准，创办了交通大学电信研究所，1944年开始招收硕士研究生。1945年秋，夏培肃带上大学毕业证书、大学成绩单和吴大榕教授的推荐信，到九龙坡找到了交通大学电信研究所所长张钟俊[①]教授，张教授看了夏培肃的成绩单和推荐信，马上决定录取她。

抗日战争结束后，逃难到四川的人们都急于回到自己的家乡，搬迁到四川的学校也急于复员回到原来的校址，因此交通工具异常紧张。交通大学复员时，全校师生分批坐船沿长江顺流而下。夏培肃在九龙坡上了一学期课后，1946年初随学校复员去上海。在路上，夏培肃和很多女同学一起乘坐一条由一个小轮船拖动的大木拖船，她们白天坐在拖船的甲板上打桥牌，晚上挤在一起就睡在甲板上。这样大约走了一个月，她们从水路到达南京。之后，女学生们被安排在从南京到上海的火车货车车厢里，乘火车到达上海。

交通大学电信研究所1945年招收了八个研究生，夏培肃是唯一的女研究生。电信研究所为一、二年级的研究生开了多门课程，讲课的教授除了张钟俊主任以外，还从学校的电机系、数学系和物理系请来了多位教授。夏培肃学过的课程有：电信网络、电磁学、超短波、天线与波导、电传真、载波电话、无线电设计、高等电信实验、真空技术及实验、高等电工数学（包括矩阵代数、张量代数、复变函数、运算微积等）、近代物理及实验、专题讨论等十几门课程。

[①] 张钟俊（1915–1995），电力系统和自动化专家，中国自动控制、系统工程教育和研究的开拓者之一。1939年年底，张钟俊参与筹划交通大学迁址工作，1940年分校成立，聘张钟俊为电机系教授、系主任。1943年筹建电信研究所，成立后任主任。研究所正式招收研究生，课程设置参照美国麻省理工学院和哈佛大学。1945年日本投降后，交通大学从重庆校区迁回上海徐家汇原址，张钟俊继续担任电信研究所主任。

图 2-6　夏培肃生活照（1946 年）

另外，张钟俊教授还从校外请来多位专家给研究生们做学术报告，包括著名物理学家萨本栋[①]教授。萨本栋讲的是自动控制（servomechanism）原理，据他说，在第二次世界大战期间，这个领域在美国大学里的课程和研究是保密的。来研究所做报告的还有无线电专家蔡金涛等。为研究生上课或做报告的专家们后来成为中国科学院院士的有朱物华、周同庆、张钟俊和蔡金涛等。研究所培养的研究生中，除了夏培肃当选为中国科学院院士外，还有通信兵部的电信系统工程专家陈太一和航天部门的电磁与微波技术专家陈敬熊都当选为中国工程院院士。

张钟俊教授是美国麻省理工学院（MIT）博士，数学基础深厚，讲课严谨。张教授为研究生开设的课程是"电信网络"，第一次考试时，夏培肃第一个交卷，并且得了满分，引起了张教授的重视。夏培肃当时对张量代数特别感兴趣，于是写了一篇《电路的张量分析》的报告交给张教授，张教授看后觉得她的某些论断不够严谨，数学基础也不扎实，理论上还需要再提高一些，就给她一一指出。这件事对夏培肃影响很深，她开始懂得做科研工作需要非常严谨，每一句话都要有根据，每一个结论都不能随便做，绝对不能想当然。而且，对于学工程的人来说，要有非常好的数学基础。

1946 年夏，夏培肃通过了自费留学生考试，可以用官价买去外国的路费和一年的生活费，虽然官价比市价便宜很多，但还是一笔不小的款项。夏培肃的父亲支持她留学，尽管当时家庭财政紧张，还是毅然变卖了部分

---

① 萨本栋（1902-1949），福建人，蒙古族。物理学家、电机工程专家、教育家。曾创造性地将并矢方法和数学中复矢量应用于解决三相电路问题，得到当时国际电工界的高度评价。对各种真空管的性质和效能也有极好的研究。三十年代出版的《普通物理学》被当时的大学广泛采用。和叶企孙等人共同建设和发展了清华大学物理系。

家产，凑足她留学所需费用。于是夏培肃开始联系国外的学校。

杨立铭自从离开重庆后，经常给夏培肃来信，跟她讲自己去英国沿途的情况，以及到了英国后的学习情况。最初，夏培肃不是每封信都回，并且在信中恭恭敬敬地称他为"杨先生"，后来慢慢地熟了，逐渐开始介绍自己的一些想法和情况，包括计划留学的事情。当杨立铭知道夏培肃要出国留学时，就帮她申请到了去爱丁堡大学[①]（The University of Edinburgh）电机系攻读博士的机会，于是夏培肃着手办理出国的各种手续。

在夏培肃出国前，她经历了一次使她终生难忘的事情，使她对国民党的黑暗统治有了进一步的认识。

1947年夏天的一个夜里，国民党的骑兵队包围了交通大学，特务们拿着黑名单，到校内各处去抓人。彼时，夏培肃和比她高一年级的一位学姐同住一个房间。特务们搜查到女生宿舍，敲她们的门时，夏培肃很气愤，故意不开门。一个特务就从上面的气窗爬了进来打开门，外面立即拥进来一大群人，穿着黑对襟褂子，手里拿着折子，上面写着要抓人的名字，气势汹汹。夏培肃很生气，骂了他们。他们威胁夏培肃要把她带走，但她那时正在办出国手续，没有参加政治活动，不在黑名单里，因此没有被抓走。

夏培肃对国民党政府不再抱任何希望，她出国前，对她的妹妹夏培静说："现在你们搞革命，以后我们回来建设新中国。"

1947年8月，夏培肃还没有来得及完成硕士论文，就离开了上海，先坐船到香港，然后再坐船到英国。

英国爱丁堡大学

爱丁堡大学是一所研究型的综合性大学，在国际上也颇有名气。该大

[①] 爱丁堡大学，成立于1583年，是世界顶尖名校，在英国乃至全世界一直享有极高美誉。爱丁堡大学产生过十九名诺贝尔奖获得者和三位英国首相，并为罗素集团、Universitas 21、科英布拉集团及欧洲研究型大学联盟成员。爱丁堡大学是最受中国留学生欢迎的英国大学之一。

学没有一个完整的校园，不同的院系分散在不同的地点。大学不为学生提供宿舍，学生都自己租房子住。当时，英国全民享受公费医疗，外国学生也能享受这种待遇，而且学生在英国上大学不需要交学费。在英国的大学里，一个系只有一位教授，其余的教师都是讲师或高级讲师，行政人员非常少。博士研究生不要求听课，主要靠自学。在英国查资料很方便，如果所需资料不在本校的图书馆内，图书管理员就到伦敦的大英图书馆去借，即使很重的期刊合订本，几天后也能送来，这些服务全部是免费的。

和杨立铭的交往

夏培肃来到爱丁堡后，对杨立铭的情况有了更多的了解。杨立铭[①]，1919年2月5日出生于江苏省溧水县（溧水县现在已成为南京市一部分）一个比较清贫的书香之家。父亲是清秀才，后来当了小学教师，母亲是一位不识字但十分勤俭的家庭妇女。杨家住房虽然简陋，但在小小的天井旁边却挂着两副对联：一副是"苔痕上阶绿，草色入帘青"，另一副是"谈笑有鸿儒，往来无白丁"。杨立铭有两个哥哥，学习都很优秀，在家庭环境的熏陶下，杨立铭从小就养成了勤奋、好学和俭朴的习惯。杨立铭回忆说："由于学习成绩优秀，我的心灵里不知不觉地萌生了一种自信心——只要我想干什么，就一定能干好。"

1931年，杨立铭小学毕业，考试成绩为全县第一。父亲认为学校的语文水平太低，让他在家中学习了一年《古文观止》。但不久父亲不幸因病去世，使得这个本来就不富裕的家庭更加拮据了，为了保证两个哥哥的学业，杨立铭的母亲想让他辍学在家。杨立铭知道后，泪流不止，抽抽噎噎地对母亲说："我要上学！"母亲心如刀割，只得横下心来，典当了一些衣物，为他凑了一学期的费用，这样他就去了南京上学。在南京中学，他的学习成绩遥遥领先于其他同学，因此获得了一等奖学金，解决了他的全部学习费用和生活费用。从初中一年级下学期到高中二年级，每学期都是如此。

---

① 本段文字部分撷取了夏培肃提供的由程檀生（北京大学物理学院教授）、卢大海（北京大学物理学院教授）撰写的《杨立铭》，特此致谢。

1937年，日本发动全面侵华战争，大片国土相继沦陷，杨立铭读书所在的学校解散了，人们纷纷涌向西南部地区避难。母亲为了杨立铭的前途，让他随亲戚去往四川。临行前，母亲把家里的房地产契约郑重地交到他手上，让他好好保存。杨立铭告别了母亲，背井离乡，加入到扛着大包小包逃难的人流，一路流离颠沛，从溧水到芜湖，再到武汉，然后去柳州，取道长沙，最后到了重庆。在这期间，他从报纸上看到了家乡被敌机轰炸的消息，心念留在家里的母亲生死未卜，这使他常常忧心如焚，坐立不安。在逃难中为了轻装前进，他不得不将所带的衣物陆续扔掉，最后连母亲给的房地产契约也不得不扔掉了。然而，一本英文的大学物理教科书——Kimble编著的 College Physics 却始终留在他的身边。在这本心爱的书上所寄托的已不仅仅是他对科学的浓厚兴趣和执着的钻研精神，更承载着他的一颗学好知识本领、报效灾难深重的祖国的拳拳之心。

在重庆，杨立铭进入收容流亡学生的国立第二中学。当时，日本飞机对重庆狂轰滥炸，炸死了学校的老师。杨立铭明白：日本帝国主义敢于如此欺侮我们，是凭着他们的飞机大炮。于是他下决心要学工程，要工业救国。1938年，他以优异的成绩高中毕业后，被保送上大学，他毫不犹豫地选择了中央大学机械系。

进入大学后，杨立铭逐渐认识到，一个国家的国力是多种因素的综合，要建设好一个国家，需要多种人才的共同努力。一个人在年轻时期，应该朝着最能发挥自己优势的方向努力。以他的条件与爱好，他感到自己更适合学数理而不是工程。1942年，杨立铭大学毕业，先去昆明中央机械厂工作了一年，后又回到中央大学机械系，一面任助教，一面自学与旁听数学系和物理系的课程。

杨立铭到英国后，改学理论物理，导师是玻恩（Max Born）[①]教授，玻恩教授是量子力学创始人之一，是国际上第一流的科学家。杨立铭学习异

[①] 玻恩（1882-1970），德国犹太裔理论物理学家，量子力学奠基人之一。因对量子力学的基础性研究尤其是对波函数的统计学诠释，获得1954年诺贝尔物理学奖。1912年与西尔多·冯·卡门合作发表了"关于空间点阵的振动"的著名论文，从此开始几十年创立点阵理论的事业。1921年成为哥廷根大学物理系主任。1936年任爱丁堡大学教授，1937年当选为英国伦敦皇家学会会员。

图 2-7　杨立铭在爱丁堡大学（1950 年）

常勤奋，不管白天黑夜，他都在努力学习和工作。

　　1947 年，夏培肃到达英国时，杨立铭正忙于写他的博士论文。当时英国每周工作五天，但杨立铭却每周工作六天半，再加上每天晚上工作到深夜，只有星期天下午，他才到夏培肃的住所去看她。他们俩都性格内向，两人见面后，基本上就是一起在公园散散步，偶尔相约去看一场电影。他们之间谈论最多的话题是学术问题。

　　1948 年 12 月，杨立铭获得爱丁堡大学理论物理哲学博士学位，毕业后留在玻恩教授身边做他的研究助手。玻恩教授很欣赏杨立铭，经常让杨立铭去他家讨论问题，有时帮他整理书稿。在此期间，玻恩教授的言传身教使杨立铭受益匪浅，老师的博学和大师风范使杨立铭眼界大开。

　　夏培肃和杨立铭志同道合，有着共同的理想和追求，都希望在自己的专业中有所成就，并希望为祖国的科教事业奉献毕生的精力。随着时间地流逝，他们之间的相互了解逐日加深，互相爱慕，因此计划在夏培肃获得博士学位后结婚。

英国的教育

夏培肃在英国爱丁堡大学电机系的导师是塞伊（M. G. Say）教授。塞伊是一位很有声望的教授，对人和善，他不要求研究生做他的研究课题，而是要学生独立思考，发挥自己的创新能力，研究自己喜欢并擅长的内容。塞伊教授对博士研究生的培养是一对一的指导和讨论。夏培肃每隔一段时间就去见一次导师，将所阅读的资料清单交给他，向他汇报学习心得和请教自己不清楚的问题，并和他讨论自己的想法。

在读博士期间，夏培肃对于线性系统的分析已经能很好地掌握。当时，自动控制系统是科研的热点，她阅读了可能搜集到的所有有关自动控制的文献，通过对自动控制系统的稳定性进行研究，她发现非线性问题是一个新兴的领域，于是把注意力转向非线性系统。夏培肃利用和塞伊教授讨论的机会，积极请教相关问题，每次讨论，她都有所收获。这样，在塞伊教授的指导下，她的博士论文雏形就逐渐形成了，主要研究内容是关于非线性系统。在写论文的过程中，需要一些实验数据，夏培肃在电路实验室里做了很多实验，这些实验当时在国内是没有条件做的。这样，在完成博士论文的同时，夏培肃也学到了不少新的实验技术。此外，她还去数学系旁听了实变函数课程和一些有关的专题报告。

夏培肃的博士论文包括两个部分：一部分是"非线性系统的一种图解法"，另一部分是"电子线路的变参数振荡"。电子管的特性曲线是一条弯曲的线，平常用电子管做放大器只是用它的特性曲线的线性部分，如果用它的非线性部分，就会出现一些新的现象。夏培肃用非线性理论来分析这种情况，理论分析和实

图 2-8　夏培肃获英国爱丁堡大学博士学位照（1950 年）

验结果是一致的。夏培肃的博士论文顺利通过，1950 年 7 月，她获得英国爱丁堡大学哲学博士学位。

塞伊教授不仅在业务上指导夏培肃，在生活上对她的帮助也很大。当夏培肃带去英国的生活费用即将用完时，塞伊教授给她安排了当助教的机会，让她给大学一年级的学生改微积分习题卷和带一年级的学生做普通物理实验，这样她才得以完成她的学业。

夏培肃获得博士学位后，很快就和杨立铭结婚了。他们没有举行热闹的婚礼，只是在爱丁堡婚姻登记所去登记，请她的房东和房东太太当证婚人，领取了结婚证书，去照相馆照了相。之后，夫妇二人去伦敦，渡过英法海峡，到巴黎，开始了他们的蜜月旅行。在巴黎参观了居里夫人学习和工作过的巴黎大学以及著名的景点，又去了瑞士和意大利，领略了欧洲文明。

一个月后，他们回到爱丁堡。夏培肃在爱丁堡大学电机系当上了博士后。

在爱丁堡大学，夏培肃有幸见到了三位诺贝尔奖获得者。第一位是杨立铭的老

图 2-9　夏培肃与杨立铭结婚照（1950 年）

图 2-10　夏培肃与杨立铭在爱丁堡大学合影（1950 年）

师玻恩教授。当玻恩教授知道杨立铭结婚后，告诉了夫人，他的夫人想看看杨立铭的新娘，于是邀请杨立铭夫妇去他们家喝下午茶。杨立铭夫妇如约去了玻恩教授家，玻恩夫人为他们准备了精致的茶点，并送给他们一块台布作为结婚礼物。玻恩教授还兴致勃勃地亲自用幻灯机为他们放映了多张自己年轻时和夫人的幻灯片。杨立铭夫妇回国前，玻恩教授又邀请他们去他家喝了一次下午茶。

夏培肃见到的第二位诺贝尔奖获得者是丹麦的玻尔（N. Bohr）。玻尔由于在原子结构和原子辐射方面所做的贡献，于1922年获诺贝尔物理学奖。夏培肃在大学上电子学课程时，曾多次听老师讲过玻尔原子，印象很深。大约是1949年，玻尔被邀请来爱丁堡大学做报告，夏培肃去听了那次报告，虽然听不懂，但当时玻尔年事已高，仍然出国讲学，他的精神风貌使夏培肃钦佩不已。

夏培肃见到的第三位诺贝尔奖获得者是英国的阿普顿（E. V. Appleton）。阿普顿于1927年发现地球高空大气层中有一个能反射无线电短波的电离层，这为环球无线电通信提供了重要的理论根据。他还用垂直探测法通过阴极射线管记录脉冲信号的回波，这对后来雷达的发展具有重大影响。阿普顿于1947年获诺贝尔奖。当夏培肃在爱丁堡大学时，他正好是爱丁堡大学的校长。夏培肃听过他的报告，了解到他和他的团队工作时的艰苦情况，感触颇深。夏培肃已经能预感到：搞科研一定要有不怕困难的思想准备，一定要有执着的精神状态。

在英国学习和生活期间，还有两件事情让夏培肃毕生难忘。

第一件事是英国的学术风气。夏培肃在爱丁堡大学当上博士后，第一件工作就是塞伊教授让她将博士论文的一部分"非线性系统的一种图解法"送到 *Proc IEE* 去发表。*Proc IEE* 是英国电机工程学会的会刊，当时是国际电机界很有名的刊物。夏培肃想把塞伊教授的名字加上一起发表，但是塞伊教授不肯，他说，文章中的创新之处是夏培肃提出的，不能把他的名字加上。塞伊教授身上所体现的学术风范对夏培肃影响颇深。

在 *Proc IEE* 上发表一篇论文，不是几个人评审一下，评审通过就发表了，而是评审通过后，编辑部要作者先在电机工程学会上做一次报告，然后由参加报告会的专家们提问和评价,通过后才能发表。夏培肃感觉到在英国发表一篇文章是非常认真、非常严肃的事情。后来她在国内也主办了两个学报,但都做不到像英国那样严格的审查,她觉得英国当时的科学道德和学风比国内要好。

第二件事是关于英国人的种族歧视。在英国大学里,外国留学生很多,中国留学生大都很优异,夏培肃没有明显感到种族歧视。但是在英国社会上,种族歧视在某些英国人心中却很严重。夏培肃在当助教时,曾有人问她:"你的学生都是有色人种吧!"这个人认为有色人种不配当英国人的助教。

还有一次,夏培肃翻阅了房东太太小女儿的地理教科书,上面讲中国的男人抽鸦片,女人缠小脚;讲中国人睡得早,是因为太穷,没有钱买油来点灯;中国人吃猪肉是因为没有足够的牧场放养牛羊等。她当时很生气,就拿那本书去问房东太太,说中国现在不是那种情况了,那本教科书太落后了。但房东太太坚持认为中国就是贫穷,就是落后。夏培肃问道:"你们知道鸦片战争吗?你们知道英国人侵略中国吗?"房东太太当然什么都不知道,但是她就认定是中国人自己不争气,还说她曾经捐过一些衣物给中国人,问夏培肃收到过没有。

夏培肃和杨立铭在结婚前,根据报纸上出租房子的广告,去租他们结婚后的住房,当他们去到一家门口按门铃后,房东把门打开时,一看是两个中国人,一句话不说,马上就把门关上了。

夏培肃亲身感受到了国家落后所蒙受的屈辱,这种屈辱是刻骨铭心的,她多么希望自己的背后有一个强大的祖国,她宁愿中国让别人恨,让别人害怕,也不愿中国被人看不起,这就更加坚定了她学成后一定要回来建设祖国的决心。

第三章 回 国

期 盼 回 国

杨立铭从 1948 年以后，共发表了八篇高水平的论文，其中两篇发表在 *Nature* 上。发表在 *Nature* 上的两篇论文中一篇关于液体理论的研究，与他的博士论文相关；另一篇关于原子核中幻数的研究，与玻恩教授合作完成，导出的 Dirac 矩阵求阵迹的普遍公式曾经被作为一个定理收入到一位科学家的著作中。杨立铭对量子化规则探讨的结果，也被其他研究人员导出仲量子化（para-quantization）方法，一直到上世纪八十年代，还发现有人在引用这篇文章。

这一阶段，杨立铭与夏培肃的学术思想都非常活跃。夏培肃的第一篇论文已经通过 *Proc IEE* 的初评，正等待去伦敦做报告的通知。她的第二篇论文"四端网络的矩阵分析"也已经开始了酝酿。

这对年轻的夫妇有共同的兴趣爱好、共同的志向，他们就像中国当时许许多多有进步思想的留学生一样，生活俭朴，学习努力，抓住一切机会汲取西方先进科学技术知识，然而又总是处在对祖国的深深怀念与忧思之中。

1950年，夏培肃获得博士学位后，开始和杨立铭一起思考回国的问题：是马上回国？还是在国外继续工作一段时间，以获得更多的工作经验呢？夏培肃的一位老同学曾建议他们去美国工作一段时间，说："第二次世界大战以后，美国急需理论方面的人才，如果去美国，可以找到理想的工作。"

但这时他们看到了华罗庚[①]教授回国途中在香港通过新华社向全世界播发的《致中国全体留美学生的公开信》，信中说："梁园虽好，非久居之乡。归去来兮！朋友们，我们都在有为之年，如果我们迟早要回去，何不早回去，把我们的精力都用之于有用之所呢？总之，为了抉择真理，我们应当回去；为了国家民族，我们应当回去；为了为人民服务，我们也应当回去；就是为了个人出路，也应当早日回去！"

华罗庚教授的话打动了夏培肃和杨立铭的心弦，他们决定尽快回国。

1950年冬天，中国和英国还没有建交，没有官方来往，但是在民间组织的邀请下，有一个中国代表团到英国去访问。中国代表团团长是卫生部部长李德全，代表团成员中有清华大学物理系教授周培源[②]。周培源当时任清华大学校务委员会副主任。周培源去爱丁堡大学拜访玻恩时，玻恩把杨立铭介绍给他，并说："中国学生都是好样的，特别是杨立铭，原来是学工程的学生，短短几年之内在理论物理方面居然做出了如此出色的工作。"

1951年春天，周培源给杨立铭寄来一封正式信函，邀请杨立铭到清华大学物理系工作。夫妇二人在决定回国后，就着手做相关的准备工作。1951年秋天，在杨立铭的工作告一段落后，两人乘船经香港回到日思夜想的祖国。当时，夏培肃的第二篇论文"四端网络的矩阵分析"已经完成，因为回国，已经来不及发表了。

---

① 华罗庚（1910-1985），江苏常州人。世界著名的集纯数学、应用数学和计算技术于一体的跨界超级大师，中国科学院院士，美国国家科学院外籍院士，第三世界科学院院士，联邦德国巴伐利亚科学院院士。新中国成立后不久，华罗庚毅然决定放弃在美国的优厚待遇，1950年春，携夫人、孩子从美国经香港抵达北京，担任清华大学数学系主任。1952年，受中国科学院院长郭沫若的邀请，成立了数学研究所，并担任所长。

② 周培源（1902-1993），江苏宜兴人。著名流体力学家、理论物理学家、教育家和社会活动家。中国科学院院士，中国近代力学奠基人和理论物理奠基人之一。曾任清华大学教务长、校务委员会副主任，北京大学教务长，副校长和校长，中国科学院副院长。

夏培肃离开英国后，英国电机学会通知她：1951年12月到伦敦电机工程学会去做"非线性系统的一种图解法"的报告。因为夏培肃已经回国，塞伊教授代替她去宣读了论文。参加会议的多为知名教授和专家，他们对论文的评价如下：

Colin Cherry："The paper is a distinct contribution to this field"；

A. Tustin："This paper is very useful in spite of the fact that the method described is limited to second order equations"；

A. C. Sim："The paper is a most important practical advance in the field of nonlinear engineering problems"。

以上评价可参见 *Proc IEE*，1952，99（2）：132。该论文1952年4月正式发表，发表后在国内外多次被人引用。

科 研 之 路

夏培肃和杨立铭回国后同在清华大学工作，夏培肃被安排到清华大学电机系的电讯网络研究室，被评为助理研究员。杨立铭被清华大学物理系评为副教授，开始给大学生讲课。

电讯网络研究室是中华人民共和国成立后由清华大学和邮电部电信科学研究所合办的研究机构，研究室的研究人员属于清华大学电机系，经费由邮电部电信科学研究所提供。电讯网络研究室没有专门的实验室，其任务只是为邮电部电信科学研究所提供电讯网络理论的计算数据和设计方案。

电讯网络研究室主任是清华大学电机系闵乃大教授。闵乃大于抗日战争前去德国留学，获博士学位，他数学基础深厚，在电讯网络方面有很深的造诣，抗日战争胜利后从德国回国。研究室成员还有王传英和三名辅助人员，王传英是清华大学电机系1950年毕业生，担任闵乃大的助手。

夏培肃到电讯网络研究室的第一件工作是熟悉闵乃大教授给学生讲课的"电讯网络"讲义。夏培肃在交通大学读研究生时，就从张钟俊教授那里学过电信网络，后来又学过不少深层数学知识，闵乃大教授的讲义虽然比较难读懂，但夏培肃不仅可以完全理解，而且还发现了一个隐蔽的错误。她和闵乃大讨论在讲义中发现的问题，开始时闵乃大不认为是错，他们两人在办公室的黑板上争论了几次，没有结果，后来夏培肃用复变函数的方法，一步一步地把结果推导出来，闵乃大才承认了有错，并修改了讲义。夏培肃对工作的一丝不苟，使闵乃大对她刮目相看。

夏培肃在电讯网络研究室工作了一年多，完成了两个关于线性电路方面的研究项目，写了三份内部报告。

第一个项目是研究在电讯网络中试图用石英晶体代替电感，以减少电感线路中电阻所引起的能量损耗，从而减少网络传输信息的衰减。在进行这项工作时，先要设计一个两端网络，其输入阻抗和石英晶体的等效两端网络的输入阻抗相等。夏培肃经过精心研究，完成了这个设计，并写了两份报告。

第二个项目是制作一个电解盘模拟计算器，它可以求线性系统的稳态解和瞬态解。电解盘模拟计算器在英国已有人做过，但闵乃大希望研究室也有一个。因为要做实验，夏培肃在电机系一位副教授的帮助下，制作成功了这个计算器，并写了一份总结报告。

1952年，清华大学突击学习俄文，夏培肃也参加了，学会了阅读俄文科技资料，并和电机系的教师们一起将俄文的《无线电基础》翻译成中文，该书由龙门书局出版。

1952年夏天，根据闵乃大的推荐，夏培肃被提升为副研究员。

第四章
命运的转折

中国第一个计算机研究小组

从上大学开始，夏培肃的研究工作一直围绕电路领域，直到1952年秋天，她遇到华罗庚先生，从此人生轨迹有了新的变化。

1945年，美国宾夕法尼亚大学研制成功世界上第一台电子计算机ENIAC[①]。这台电子计算机于1946年2月宣布后，在国际科技界曾经轰动一时，这不仅仅因为ENIAC使用了一万八千多支电子管，是当时世界上最大的电子机器，更重要的是，ENIAC的研制成功使一个崭新的、非常有希望的科技领域展现在人们面前。

实际上，在ENIAC的研制过程中，科学家们已经发现了ENIAC的不

[①] ENIAC是电子数值积分器和计算机（Electronic Numerical Integrator and Computer）的缩写，主要是为了计算弹道而设计的。不同于后来的存储程序计算机，ENIAC的编程是通过设置许多开关和线缆来完成的，相对比较麻烦。

足之处和值得改进的地方，于是，以冯·诺伊曼①（John von Neumann）为代表的一些科学家在 ENIAC 的研制工作尚未完成时，就已着手设计新型的电子计算机——存储程序通用电子计算机。②

二十世纪四十年代中期和后期，我国有不少科学家和留学生在国外工作和学习，其中有一部分人听说过电子计算机，并对电子计算机产生了兴趣，著名数学家华罗庚教授就是其中之一。华罗庚在美国时，和冯·诺伊曼在普林斯顿大学一起工作过，因为都是有名的数学家，他们经常在一起讨论相关学术问题。冯·诺伊曼曾经让华罗庚参观他的实验室，华罗庚当时就认识到计算机很有前途，想回国后研制计算机。

华罗庚于 1950 年回国，1951 年组建中国科学院数学研究所，并担任所长。1952 年，数学研究所迁至清华大学南校门内的一幢新建的两层楼房里。新筹建的数学研究所除了开展纯粹数学、应用数学、数理逻辑、力学、理论物理等的研究外，华罗庚还念念不忘要开展电子计算机的研制工作。华罗庚是数学家，不懂电子学，但是他认为中国决不能失去研究计算机的大好机会。他听说闵乃大数学基础好，又是搞电讯网络的，就找到闵乃大商量做计算机的事情。

1952 年夏天，全国高等院校调整。成立一些新的院校，合并一些旧的院校，同时撤销一部分机构。清华大学物理系合并到北京大学物理系，杨立铭因此被调往北京大学。清华大学电机系电讯网络研究室属于被撤销之列，夏培肃最初计划留在清华大学电机系讲课。但是有一天闵乃大告诉她说：华罗庚想物色一些电子学方面的人到数学研究所去研制电子数字计算机。

闵乃大正在着手写电讯网络方面的专著，他愿意去数学研究所继续研究电讯网络，但是当时他已经四十多岁，对于是否要改行去研究电子计算机颇为犹豫。夏培肃在英国时，曾经粗略看过一些电子计算机方面的资

---

① 冯·诺伊曼（1903-1957），犹太人，全名约翰·冯·诺伊曼。原籍匈牙利，后入美国籍。数学家、计算机学家、物理学家。在现代计算机、博弈论和核武器等诸多领域内有杰出建树，被称为"计算机之父"和"博弈论之父"。

② 因为存储程序思想是由冯·诺伊曼提出的，所以存储程序计算机也被称为冯·诺伊曼计算机，其基本特征是：指令与数据都以二进制形式储存在存储器里；指令根据其储存的顺序依次执行。现代计算机都是存储程序计算机。

料，知道这是一个很有希望的学科。她一听到闵乃大说国内要开展电子计算机的研究工作，十分高兴，她本来就喜欢数学，这是研究计算机的基础，过去七八年她在电路方面的知识和经验积累也能发挥重要作用，所以她认为自己搞计算机很合适。夏培肃马上就向闵乃大表示愿意去数学研究所从事电子计算机研究工作。闵乃大经过认真考虑，再加上夏培肃的劝说，也同意研究电子计算机了，但是他表示只能用部分时间研究电子计算机，因为他写电讯网络专著的计划不能改变。王传英知道这件事情后，也表示愿意从事电子计算机的研究工作。

三人商定以后，1952年秋天的一个晚上，他们一起来到清华园内华罗庚的家中（位于数学研究所附近，是专门为他修建的一所平房）。三个人走进宽敞的客厅后，华罗庚热情地接待了他们，对他们谈了打算在数学研究所开展电子计算机研究的意图，又了解了一下夏培肃、王传英的学历和工作情况。他们也分别向华罗庚所长表达了愿意搞电子计算机的想法。经过短暂的谈话，三人合作开展电子计算机研制工作的事情就算定下来了。

这样，1952年秋天，闵乃大、夏培肃、王传英三个人开始研究电子计算机，组成了中国最早从事计算机研究的三人小组。

当时，电子计算机在国内属于新鲜事物，有关电子计算机的资料很少，甚至找不到一本系统、完整地介绍电子计算机原理的书籍。他们三人最初的工作就是搜集和阅读电子计算机的资料，先弄明白计算机是怎么回事。他们就近从清华大学电机系图书馆的英文期刊中查找计算机方面的文章，当找到一些认为有参考价值的文章，需要人手一份时，就一个字一个字地抄录，因为当时没有复制设备，也没有英文打字员。除了电子计算机的资料外，他们还钻研电子管脉冲电路的资料。

电讯网络研究室的经费可以维持到1952年年底，于是，他们三人的人事关系一直保留在清华大学。1953年1月3日，闵乃大、夏培肃、王传英三人正式调到中国科学院数学研究所，开始在数学研究所上班。

华罗庚对计算机的发展寄予了很大期望，他非常重视三人小组的工作，从经费到物资上尽量支持。闵乃大是计算机研究小组组长，数学研究所安排给他一间单独的办公室，夏培肃和王传英在另一间办公室，所里又分配了两间平房给他们做实验室。

他们三人在工作上略有分工：闵乃大管理全面工作，并重点钻研计算误差和布尔逻辑；夏培肃偏重研究计算机的逻辑设计，同时负责搜集资料；王传英偏重在做脉冲电路实验和实验室建设。当时，数学研究所是第一次建立实验室，所内没有设立专门的器材管理部门和人员，研究小组需要的器材只能靠自己想办法。王传英经常背着小包自己到城里去购买无线电元件、电表、电线、工具等。有时，夏培肃也出去联系购买器材，包括购买示波器等，她还委托在美国和英国的一些老同学帮忙买一些计算机方面的书籍。

当时，国内没有一个人明白电子计算机的工作原理。小组成员经过多方努力，陆续找来了一些有关计算机的资料，包括英国曼彻斯特大学第一台计算机（M-1 计算机）①的相关材料。闵乃大当时集中精力写专著，没有太多的时间看这些资料，夏培肃最先把 M-1 计算机的资料看明白，懂得了计算机的工作原理，后来王传英也看懂了。

除了分析消化电子计算机的资料外，他们还做了一些基本电路试验，并初步拟定了研制电子计算机的技术线路和发展电子计算机的轮廓设想。为了节省器材，他们准备设计和研制一台串行②的存储程序的通用电子计算机，并使用示波管存储器③。经过三人多次讨论，1953 年 3 月，由闵乃大执笔，写出了一个开展电子计算机研究的初步设想和规划，上交给数学研究所的领导。

1953 年 4 月，吴几康④从丹麦回国，回国前他在哥本哈根的一家无线电工厂工作。当时计算机小组的工作很需要增加人手，当听说有学无线电

---

① 曼彻斯特大学研制的 Mark 1（简称 M-1）是世界上最早的存储程序计算机之一，建成于 1949 年。M-1 最早采用了变址寄存器，其设计思想被很多后续的商用计算机（如 IBM 701/702 等）采纳。

② 这里的"串行"指的是采用串行的运算器。像加法这样的运算，如果一次只算一位的话，所需要的元器件比同时对所有二进位进行计算的并行运算器要少得多。现在的计算机已经都采用了并行的运算器，所以现在讲的串行计算机，指的主要是只包含一个中央处理机的计算机。

③ 阴极射线管可用于观察波形，所以也称为示波管。示波管的荧光屏在受到电子冲击后会产生二次电子发射，从而形成在管幕的某个位置存储电荷的能力。利用这种存储作用制作的示波管存储器在一些早期电子管计算机中被用作内存储器。

④ 吴几康（1918—2002），计算机专家，中国计算机事业的开拓者与倡导者之一。作为总负责人之一，成功仿制中国第一台大型通用电子管电子数字计算机 104 机。作为总负责人，成功研制中国第一台自行设计的大型通用电子管电子数字计算机 119 机。

的人回国的消息后，夏培肃就到吴几康住的招待所去看望他。

吴几康没有读过研究生，数学研究所和闵乃大因为他既没有学位，又没有发表过学术论文，原计划给他一个技师的职位。吴几康对数学研究所的安排不甚满意，本人没有太强的意愿过来工作。但是夏培肃认为吴几康有工厂的实际经验，而且在电子管放大器方面做过工作，研制计算机需要这方面的人才，就力劝闵乃大帮他争取到了副研究员的职称。这样，吴几康就来到数学研究所实验室工作了。吴几康的动手能力很强，后来在电子计算机的研制方面发挥了重大作用。

1953年10月，王庭梁被分配到计算机小组工作，他是武汉大学电讯系的应届毕业生，分配过来后开始学习计算机相关资料，并参加实验室的具体工作，包括制作直流稳压电源等。

计算机小组在数学研究所虽然受到所领导的重视和支持，但是要开展电子线路试验的条件实在太困难了。实际上，这个问题不仅在数学研究所存在，中国科学院的其他单位也不同程度上存在着同样的问题。因为抗美援朝，很多电子学方面的人才被安排到与国防相关的部门，在中国科学院工作的电子学领域研究人员很少。为了使为数不多的电子学方面的人员、经费和仪器设备集中，中国科学院领导在1953年冬天决定将全院电子学方面的人员暂时集中在中国科学院物理研究所[①]。电子计算机小组除了闵乃大继续留在数学研究所研究计算数学外，其余四人全部调到物理研究所。

计算机科技的萌芽

1954年1月，也就是在数学研究所工作了一年后，夏培肃和她所在的

[①] 中国科学院物理研究所（1953年年底）前身是中国科学院近代物理研究所，创建于1950年，包括原子学研究所以及两个物理研究所的核物理部门。1953年合并了陈芳允领导的电子学研究所筹备处及数学研究所闵乃大负责的电子计算机小组，更名为中国科学院物理研究所。1958年改称原子能研究所，包括一部（物理研究所）和二部（京郊房山坨里研究基地）。1973年，在原子能研究所一部的基础上成立中国科学院高能物理研究所。

小组被调去中国科学院物理研究所继续从事电子计算机的研究。闵乃大留在数学研究所,不过物理研究所还是请他兼任电子计算机小组的组长。

物理研究所当时的所长是钱三强[①],他对计算机小组很照顾,分配给小组一些大学生和实验员,小组人员增加到十几人。

物理研究所坐落在北京西郊中关村的一幢刚修建好的六层大楼内,它是中关村最早的一幢大楼。物理研究所的实验工作条件比数学研究所好很多,电子计算机小组在大楼的第四层分到了两个相邻的大房间,作为试验室兼办公室。研究所有专门的器材部门和实验工厂,电子学方面的图书资料也比较多。电子计算机小组去了不久,就领到了一些包括示波器在内的实验器材,因此实验工作开展得比较顺利。

物理研究所的科研工作按专业内容分成五个大组,电子学是第五大组,由陈芳允[②]研究员担任大组长。电子计算机组是第五大组中的一个小组,代号为五三组。闵乃大虽然名义上兼任电子计算机小组组长,但他很少来物理研究所,后期基本不过来,于是研究所领导让夏培肃主持小组的工作。

电子计算机小组在物理研究所的科研工作是以前在数学研究所工作的继续和发展,主要分为两部分:一部分是电子计算机示波管存储器的研制,由吴几康负责;另一部分是对计算机所需的基本逻辑电路进行试验,并开展运算器和控制器的设计,这一部分工作由夏培肃负责。小组计划在两部分工作完成后,将它们连接起来,组成一个能够自动进行计算的计算机。

电子计算机小组准备研制的机器是一台二进制的串行存储程序通用电子计算机。串行计算机将表示一个数的二进制位一位一位地传送,并行计算机将一个数的所有二进制位同时传送。串行计算机节省器材,并行计算

---

① 钱三强(1913—1992),生于浙江湖州,中国原子能科学事业的创始人,中国"两弹一星"元勋,中国科学院院士。1948年回国,历任清华大学物理系教授,中国科学院近代物理研究所副所长、所长,中国科学院学术秘书处秘书长,二机部(核工业部)副部长,中国科学院副院长兼浙江大学校长等。

② 陈芳允(1916—2000),浙江黄岩人,无线电电子学家,中国卫星测量、控制技术的奠基人之一,"两弹一星功勋奖章"获得者,中国科学院院士。1953年调北京,主持中国科学院电子学研究所筹备处工作。1954年并入物理研究所,组建成电子研究室,陈芳允任该研究室主任。1956年参加国家十二年长期科学规划制定工作,并参加了新电子所的筹备。

机的运算速度快。串行计算机做加法和减法运算时，和并行计算机没有太大的区别，但在做乘法运算时要复杂一些，做除法运算就更加复杂，所以当时国外一些串行计算机不直接做除法，而是先求除数的倒数，然后再乘上被除数，用乘法的方法来做除法。夏培肃设计了除法的算法，准备在他们的计算机中直接做除法。

为了更好地开展电子管脉冲电路的工作，从1954年上半年开始，夏培肃和吴几康、王传英等人参加了苏联A. A.萨宁编著的《研究辐射的电子学方法》一书的翻译，该项翻译工作由物理研究所五二组组长忻贤杰主持，计算机小组只翻译了其中有关脉冲电路的部分，书的中译本于1958年由科学出版社出版。

1954年6月，物理研究所决定让王传英去苏联学习电子计算机，去苏联以前要先在俄专学习俄文。王传英于1955年在俄专毕业后准备出国时，国家决定那一年的一部分留苏学生去苏联学习原子能，王传英被选去学原子能，所以王传英就算是改行不再研究计算机了。

1954年10月，苏联经济及文化建设成就展览会在北京西郊苏联展览馆开幕。展览会展出了三种计算机：一种是解线性常微分方程组的电子积分机；一种是解偏微分方程的计算机；还有一种是分析计算机，它是一种卡片计算机系统，包括穿孔机、分类机、制表计算机、校验机等。在这三种计算机中，前两种是模拟计算机，后一种是数字计算机。这三种计算机展出后，钱三强所长十分重视，亲自找到计算机小组说：一定要掌握它们。所以，计算机小组投入很多时间和精力去了解、熟悉和分析这三台计算机。在掌握了这三台计算机的工作原理后，小组写了三份技术报告，两台模拟机的报告是夏培肃撰写的。

夏培肃在广泛阅读文献资料和研究计算机的同时，1955年开始编写《计算机原理》讲义。计算机的一些基本术语和名词本来都是英文的，夏培肃在编写《计算机原理》讲义时都意译为中文，并在全国一直沿用至今。

从1956年3月开始，夏培肃借用数学研究所的教室，举办了一个计算机原理讲习班。参加这个讲习班听讲的有数十人，除了物理研究所计算机小组和数学研究所计算数学小组的人员外，还有北京大学、清华大学的一些教师，以及其他单位的有关人员。讲习班讲授电子计算机的基本原理，包括二进制、布尔代数、逻辑电路、四则运算的算法，计算机各个部件的工作原理等。讲习班每星期讲一个上午，共讲了三个多月。讲习班由夏培肃主讲，周寿宪讲过两次磁心存储器，曹履冰讲过一次输入器和输出器。

到 1956 年 4 月，计算机小组已取得了一些科研成果。由吴几康负责的示波管存储器经过三年的努力，已经试验成功，可以在一个示波管的屏幕上存储 32×32 个二进制位，在表演它的存储功能时，曾显示过"电子计算机"等汉字。这项工作的技术总结报告由梁吟藻整理，并上交中国科学院。这是我国试验成功的第一台电子计算机部件。

由夏培肃负责的运算器，三年多以来，已试验成功所需的基本逻辑电路，并完成了运算器所执行的四则运算的算法，还进行了运算器和控制器的逻辑设计。

在物理研究所的这些成果后来应用于夏培肃设计的 107 计算机中。107 计算机于 1960 年开始运行，是我国第一台自行设计的通用电子数字计算机。

制定科学远景规划

1956 年 1 月，中央召开知识分子会议，会上发出了"向科学进军"的口号，全国掀起了一股向科学进军的洪流。

当时在物理研究所，差不多每星期都有一次由所领导和高级科研人员参加的茶话会。在这个会上，大家无拘无束地随便交谈，钱三强所长总是利用这个场合向大家宣布一些重要的事情。

在 1956 年 3 月的一次茶话会上，钱三强透露，中央提出了制订《1956—1967 年科学技术发展远景规划》的任务，要集中一批科学家来拟订规划。他还特意告诉夏培肃，电子计算机已经引起中央的重视，这次也要加以规划。得知这个消息后，夏培肃非常激动。

当时电子计算机还属于不成熟的新兴技术，能引起中央领导人的关注，列入我国科学发展的远景计划，要归功于华罗庚、钱学森、钱三强等人的先见卓识，他们认识到电子数字计算机的重要性，从而向中央提出了建议。

在安排规划时，计算机的规划应该由谁来主持呢？华罗庚是数学规划组的组长，计算机与数学有密切的关系，我国第一个计算机科研小组又是诞生在数学研究所，计算机的规划于是就纳入华罗庚领导的数学规划组中。

机遇总是光顾那些有准备的人，尽管夏培肃当时年仅三十岁出头，幸运之神终于再次降临到了这位立志工业报国并有准备的青年人身上。物理研究所写了一封推荐信，介绍夏培肃和吴几康参加计算技术的规划。他们带了那封推荐信，就去规划所在地北京西郊宾馆报到。报到后，被安排在华罗庚领导的数学规划组中。

1956年4月，规划工作已经开始，夏培肃报到以后，向规划组领导推荐了三位从美国回来不久的留学生参加规划。他们是中国科学院物理研究所的范新弼、北京航空学院的蒋士騛和清华大学的周寿宪。范新弼是美国斯坦福大学1951年的博士，从1952年开始在美国宝来（Burroughs）公司[①]从事用于电子计算机的电子器件的开发工作，包括十进制磁旋管、离子器件计数器、静电印制中的电离子技术等。蒋士騛是美国加州大学1952年的博士，从1952年开始在美国无线电公司（RCA）从事电子计算机新型输出设备的开发工作。周寿宪是美国密执安大学1951年的博士，从1951年开始在美国宝来公司从事带状磁心移位寄存器、半导体脉冲电路等的研究工作。

计算技术的规划组由三方面人员组成：第一部分是数学家，第二部分是计算机专家，第三部分是电子工业部门的专家。规划组的成员有华罗庚、陈建功、苏步青、张钰哲、段学复、江泽涵、王湘浩、关肇直、吴新谋、郑曾同、李国平、曾远荣、孙克定、胡世华、徐献瑜、闵乃大、夏培肃、吴几康、范新弼、蒋士騛、周寿宪、张效祥、刘锡刚、黄纬禄、严泺

[①] Burroughs公司是早期重要的大型计算机制造商之一，在1960年代推出了B5500/6500等堆栈式结构的计算机，并与伊利诺大学合作开发了世界上最早的并行机ILLIAC IV。1986年与UNIVAC合并后，改名Unisys（优利）公司。

田、温启祥，总共为二十六人。另外，还有两位工作人员，他们是黄启晋和罗佩珠。

中长期的科技发展规划是一项史无前例的工作，在计划经济的苏联没有先例可循，在市场经济的西方国家也找不到可供参照的全方位科技规划。在美国二十世纪四十年代为发展原子弹曾经搞过一个"曼哈顿计划"，该计划只是为了发展原子弹这个单项技术而制定的。可是我们的十二年规划要涵盖国民经济和国防建设所涉及的重大工程、技术问题和新兴学科，因此，计算技术规划组的规划工作不知道如何着手，规划是从边学习、边梳理开始，进行了三个月之久。

在规划期间，数学规划组举行了一系列报告会。夏培肃等人介绍了国际上的计算技术发展情况，介绍了中国科学院计算机组的工作情况，刘锡刚把他们单位研制的磁鼓存储器搬运到规划会上来给大家观看。刚去苏联参加全苏计算机会议的中国代表团报告了苏联计算机的情况，报告人有闵乃大、胡世华、张效祥等。中国科学院力学研究所钱学森所长到数学规划组做了报告，他讲的是从他们的工作角度来看发展电子计算机的必要性等。由于规划组有不少数学家，他们过去对计算机不了解，因此夏培肃专门为他们做了报告，介绍电子计算机的情况和基本原理等。

在规划开始不久，苏联派了潘诺夫（Д·Ю·Панов）博士来计算技术规划组担任顾问。潘诺夫当时是苏联科学院情报研究所所长兼精密机械与计算技术研究所副所长。由冯康和一位刚从苏联回来的副博士担任翻译。潘诺夫住在北京饭店，他带来了一些资料，其中包括 БЭСМ 计算机[①]的资料。他在北京做了多次报告，并了解了中国计算技术和电子工业的情况。他对规划提出了不少有益的建议，包括应该开展的工作项目、向苏联购买电子计算机和派人去苏联学习等。

在规划过程中，规划组讨论了两个原则性的问题。第一个问题是中国研制计算机是依靠苏联还是依靠我们自己。当时苏联专家建议先派一批人

---

① 苏联在上世纪五十年代初研制的一种大型电子管计算机。БЭСМ（Большая Электронно-Счётная Машина）是"大规模电子计算机"的俄语缩写。在完工的时候，БЭСМ 是欧洲最快的计算机。

到苏联去学习，同时在苏联做计算机，过几年之后，连人才带计算机一起回来，再在国内发展。对于这个建议，大部分专家都不同意，只有少数人觉得那样是可行的。最后，规划组专家达成一致的意见是派一小部分人去苏联学习，国内同时也培养自己的专业人才，发展自己的计算机，因为国内在研制计算机的工作中已经有一些基础了。

第二个问题是在国内如何发展计算技术。因为规划组中有很多数学家，大都是在大学里面工作，他们提出希望自己回去到本单位研究自己的计算机。最后，还是华罗庚提出了"先集中、后分散"的六个字的方针，大家都同意了他的意见。规划组同时建议在中国科学院成立一个计算技术研究所，把全国要搞计算机的人，都集中到这个研究所来，在比较多的骨干力量成长起来后，再回到自己单位去发展。

规划中的计算技术研究所有两大任务：一个是从苏联买图纸来仿制计算机，另一个是专业人才的培养。培养专业人才主要依靠在国内举办训练班，培养年轻的计算机专业人员，因为国内没有多少人懂计算机，大学也还没有这方面的专业。

在规划期间，夏培肃和苏联专家潘诺夫在一起工作的时间比较多。有一次，夏培肃陪他出去参观，在途中，谈起了她正在举办的电子计算机培训班，潘诺夫颇感兴趣，主动邀请夏培肃，希望夏培肃能去苏联访问。回到西郊宾馆后，潘诺夫又向华罗庚组长建议：在规划完成后，可以立即派一个代表团去苏联短期参观学习，以便回来后，担任在规划后即将开办的计算技术训练班的教师。

在规划期间，规划组得到了苏联电子计算机 БЭСМ 的六本资料和一本程序设计资料。夏培肃一边参加规划，一边组织人员将这些资料翻译成为中文。参加翻译的有几十人，除了中国科学院物理研究所和数学研究所的有关人员以外，还有北京大学的胡祖炽等、清华大学的孙念增等、哈尔滨工业大学的吴忠明和李仲荣。翻译工作进行得很顺利，不到半年就全部完成了。

计算技术规划组经过几个星期的紧张工作，逐步形成了一个规划文件，即国家科学发展规划委员会制定的国家最重要科学技术任务说明书中的第四十一项:"计算技术的建立"。在这个规划中提出:"鉴于目前国家对于计算技术方面的需要非常迫切,而国内原有这方面的力量又如此薄弱,组织方面的基本措施必须首先把一切力量集中使用,迅速建立计算技术这一门学科,并在'先集中、后分散'的原则下,在第一批骨干力量已经很好地成长之后,再逐渐把力量铺开,并建立新据点。在干部方面,特别应当着重于新生力量的培养。"规划具体规定了1956年在中国科学院成立计算技术研究所筹备委员会,全国有关单位的相应人员暂时集中到这个机构中来。国家在电子计算机方面的科研工作和科技人员的培养工作都由这个机构负责实施。

在完成了各个学科的分规划以后,如何提炼成一个纲领性的文件呢?在这一关键时刻,作为制定科学发展远景规划的智囊和主笔的科学院秘书长、院党组副书记、国务院科学发展规划委员会办公厅副主任杜润生为规划的制定做了至关重要的三件大事:第一,提出把"重点发展,迎头赶上"作为科学技术规划追赶先进国家水平的发展战略。第二,提出"以任务为经,以学科为纬"制定规划的构想。杜润生的这些构想得到了与会专家的认同,于是杜润生为规划做了第三件大事,即主笔起草了科学发展规划纲要的草案,并组织起草了任务说明书。纲要草案与任务说明书,共有六百万字,提出了五十七项重要任务,包括六百一十六个研究课题。明确的重点任务有十二个。

当中国科学院院党组书记、副院长、国务院科学发展规划委员会秘书长张劲夫带着规划草案向周总理汇报时,总理提出:这么多重点,国务院应该主要抓哪些呢?张劲夫趁着参加规划的科学家还没有离开北京,召集了一些科学家研究这个问题。科学家们各抒己见,提出了许多好意见。张劲夫等加以归纳,认为最重要最紧急的有六项,头两项原子弹和导弹属于保密的军工尖端技术,国家已经做了特别安排,此外还有四项:计算技术、半导体、自动化技术、无线电电子学,它们是重中之重,要摆在其他重点任务的前面来抓,就叫"紧急措施","四项紧急措施"因此得名。上报国务院,周总理立刻批准,说:"对!先抓这四项。"当时,这四个领域在国际上发展很快,中国还是空白,必须采取紧急措施,把它们搞上去。

为落实"四项紧急措施",张劲夫认为需要集中全国可以集中的科技力量,也需要再从国外吸纳一些专家回来,大家齐心合力把这些科研工作搞上去。为此,中国科学院着手筹建这四个领域的研究机构。

要筹建研究所,首先遇到的困难是没有房子。经过向中央请示,周恩来总理下了决心,从新建的西苑大旅社(今称"西苑饭店")中拨出三座楼给科学院,给那些列为紧急措施而又没有房子的单位使用。计算技术研究所分到了西苑大旅社的三号楼,同时筹划在中关村尽快盖自己的大楼。

其次,要确定中国科学院计算技术研究所的筹备由谁来负责领导。在负责人的人选问题上,规划期间数学规划组的关肇直在领导的授意下,曾找夏培肃征求意见,夏培肃把吴几康、范新弼、蒋士騛、周寿宪找来,经过讨论,大家倾向于华罗庚为最佳人选。因为从国际计算机发展情况上来看,数学家对计算机起的作用是不可估量的,如冯·诺伊曼就是数学家,他对计算机的发展起了很大的作用。华罗庚对计算机非常热心,在计算机规划方面起了重大的作用,是他在数学所成立了第一个计算机科研小组,积极推动了小组各项研究工作的开展,所以大家都推荐由华罗庚来负责筹备计算技术研究所。

在中国历史上,十二年科技发展远景规划是第一次把科学家组织到国家建设的计划当中,这个规划也成为建国以来影响最大最好的规划:第一,它将一批新兴的科学技术介绍到中国,推动中国的科学走上现代科学的轨道;第二,它直接推动了国防工业的发展,还把"四项紧急措施"纳入中国科学院的行动计划;第三,对于各个大学和生产部门加强科学研究起了积极的引导作用。它使科学技术为国家建设服务找到了具体的组织和实现形式,大大提高了科学研究的效益,加快了中国追赶世界科技先进水平的进程。此后仅十多年时间,中国就有了"两弹一星"的成就,并由此带动了计算机、自动化、电子学、半导体、新型材料、精密仪器等新技术领域的建立和发展。

在回顾参与我国科学发展远景规划中的"计算技术的建立"规划过程,夏培肃深深感到收益丰厚:自己的眼界开阔了,对计算机重要性的战略意义有了进一步认识，明确了自己的奋斗目标，激励了自己的科研热情。

1956年6月14日，毛泽东主席、周恩来总理和朱德、邓小平、陈云、聂荣臻等中央领导同志在中南海接见参加制订国家十二年科学技术发展远景规划工作的科学家们，并和全体规划人员合影留念。五十多年来，夏培肃一直珍藏着那张照片。

第五章
计算技术研究所

筹建计算技术研究所

在制定国家发展科学的远景规划后不久，经中国科学院报中央批准，华罗庚被任命为中国科学院计算技术研究所筹备委员会主任，还有三位副主任，他们是国家建委的阎沛霖、国防部门的何津和电子工业部门的王正。另外，有十位筹备委员会委员，他们是：赵访熊、闵乃大、徐献瑜、夏培肃、吴几康、范新弼、蒋士騛、周寿宪、张效祥和张克明。

当时，华罗庚负责筹备委员会的日常工作，阎沛霖未到任，何津和王正每星期去一次西苑大旅社和华罗庚开一次碰头会。

1956年6月19日，华罗庚主持召开了计算技术研究所筹备委员会第一次会议，这次会议从组织上落实了规划文件规定的"先集中、后分散"的原则。会议宣布将物理研究所计算机组的十四人和数学研究所计算数学组的九人调入计算技术研究所。当时全国研究计算机的人员、准备研究计算机的人员，以及需要计算机人才的部门，陆续通过选调、合作、进修、分配大学生等途径聚集到西苑大旅社，到 1956 年底已集中了三百余人。

技术力量集中后，计算技术研究所组建了三个研究室：一室为计算机整机研究室，闵乃大任主任，夏培肃被分配到该研究室工作；二室为元件研究室，王正任主任；三室为计算数学研究室，徐献瑜任主任。

在计算技术研究所筹备期间，华罗庚以极大的热情为该所的筹备花费了大量的时间和精力，他千方百计地落实规划所规定的各项任务，特别是他处理了当时急待解决的三件大事。

第一件大事是修建计算技术研究所的楼房。计算技术研究所在中关村新建大楼的设计图纸由华罗庚亲自拍板，采用动物研究所大楼的设计图纸，另加尾楼作为图书馆和计算机机房，这样大大加快了修建大楼的进度。1958 年 2 月计算技术研究所筹委会搬迁到刚盖好的新楼。

第二件大事是抓计算机训练班和计算数学训练班的开学工作。他对训练班的教学工作和教学效果十分关心，还亲自出考题对计算数学训练班学员的业务水平进行摸底。

第三件大事是陆续选派去苏联的考察团、实习队、研究生和大学生。他们都是以中国科学院的名义派出去学习的，在他们动身前，华罗庚亲自和他们谈话，给他们以鼓励。

计算技术研究所筹备委员会在所内成立了研究室及其下属的研究组，开展了规划所规定的主要问题的研究，筹建了实验室和实验工厂，订购了器材设备和图书资料，聘请了苏联专家，等等。

另外，华罗庚还动员数学研究所研究纯粹数学的人改行，到计算技术研究所来工作，在他的号召下，冯康、许孔时、魏道政等人自愿来到计算技术研究所。

计算技术研究所筹备委员会的人来自很多单位，华罗庚很好地协调了各个单位及各单位的人与人之间的关系，使计算技术研究所在筹备期间就成为一个团结奋进、热火朝天的集体。

1957 年，反右运动开始，华罗庚、钱伟长等五位教授在光明日报上发表了一篇题为《对于有关我国科学体制问题的几点意见》后，钱伟长等被打成右派，华罗庚受到重点批判。从此以后，他就不能再过问计算技术研究所的事情。

1957年12月，计算技术研究所筹备委员会副主任阎沛霖上任，继续筹备工作，1958年4月，阎沛霖被任命为计算技术研究所筹备委员会领导小组组长。

阎沛霖是延安来的干部，1937年天津南开大学

图5-1 计算所第一任所长阎沛霖（二十世纪六十年代）

物理系毕业，1941年去延安后，任延安自然科学院教员，讲授物理、数学等课程，中华人民共和国成立后任沈阳工学院院长、国家建委局长等职。1959年，中国科学院计算技术研究所正式成立，1960年，阎沛霖被任命为中国科学院计算技术研究所首任所长。"文化大革命"以后，被调往国家科委工作。

阎沛霖有很高的政策水平，考虑问题和处理问题都从全局出发，他平易近人并熟悉业务，和华罗庚一样，也是一位深受群众敬佩和尊重的领导。

赴苏考察

根据国家发展科学的远景规划，1956年秋，计算技术研究所筹备委员会组成了一个计算技术赴苏考察团，团长是闵乃大，副团长是王正，团员有徐献瑜、夏培肃、范新弼、蒋士䮫、吴几康、周寿宪、莫根生、严又光、孙肃，秘书是何绍宗，翻译是张伟、李象生、穆立立，共十五人。

苏联科学院十分重视考察团的访问，科学院院长斯米扬诺夫热情地接见了考察团的全体成员，他们安排了几次很有意义的活动。10月初，考察团全体成员参谒了列宁墓，怀着崇敬的心情瞻仰了革命导师列宁的遗容。

图 5-2　赴苏联考察团（1956 年。前排左五为夏培肃，后排左六为团长闵乃大，右三为吴几康）

11 月 7 日，考察团应邀在红场观礼台上观看了苏联国庆阅兵典礼和群众游行。另外，还参观了位于莫斯科郊区的原子能发电站。

考察团的活动分两个方面：第一是面上的参观访问，第二是重点深入考察和学习。

面上参观访问的单位有苏联科学院精密机械与计算技术研究所、半导体所、电子所、计算中心、数学所、物理所、科技情报所、莫斯科大学、莫斯科物理技术学院、莫斯科动力学院、列宁格勒大学、列宁格勒工学院、莫斯科 CAM 计算机工厂、宾札计算机工厂、无线电器件厂、电子管厂、示波管厂等。参观已投入运行的和正在研制的计算机有 БЭСМ、СТРЕЛА、М-2、М-3、М-20、УРАЛ、卡片穿孔机等。

重点深入考察和学习的单位是苏联科学院精密机械与计算技术研究所、计算中心和莫斯科 CAM 计算机工厂。

精密机械与计算技术研究所的所长是列别捷夫院士，БЭСМ 计算机就是他设计的。当时他们正在设计和研制自己最新的大型通用计算机——

M-20 计算机。列别捷夫所长及一些高级研究人员向考察团做了一系列学术报告，然后考察团成员以学习 M-20 计算机为主，分别深入到相应的研究室，进行专题学习。闵乃大、夏培肃、吴几康和周寿宪到通用计算机研究室学习 M-20 机的总体设计和运算控制器；王正和蒋士騛到半导体和电子元件研究室学习逻辑电路；范新弼和莫根生到磁元件研究室学习磁心试制工艺，以及测试方法，并学习 M-20 机的磁心存储器；莫根生还到电源研究室学习电源和供电系统；孙肃到结构工艺室及实验工厂学习外部设备和机械结构设计；张伟到自动翻译组和科技情报组学习机器翻译和情报文献管理；何绍宗到业务组织及行政管理部门学习业务管理和党务管理。

据夏培肃回忆，当时苏联正在研制 M-20 计算机。他们给考察团讲得很仔细，还给考察团成员讲解设计图纸。讲解是分组进行的，有的讲指令系统，有的讲运算器和控制器，有的讲存储器，有的讲外部设备。那时的中苏关系还比较友好，他们把考察团当同志来看待，把知识无私地传授给考察团成员。

考察团于 12 月 30 日圆满完成任务，回到了北京。在苏联三个多月的考察是很有成效的。考察团成员通过广泛参观访问，对苏联计算机和相关技术的科研、教学、工业及应用情况不仅有了全面的认识，还学到了组织管理的经验。同时，考察团成员通过深入学习，对于计算机的设计、加工、调试以及维护也有了完整的概念和系统的知识。

考察团回来后就准备仿制 M-20。夏培肃当时对 M-20 已经了解得很清楚了，她认为 M-20 有一些不足的地方，它是三地址指令的计算机。但是很多指令不需要三个地址，夏培肃就把它修改成一地址指令的计算机，并增加了一些指令。她带了几个人，将 M-20 重新设计，设计了每条指令的执行过程，形成了两厚本资料，并印刷了一百套，按照这个资料就可以画逻辑图。但是后来计算技术研究所了解到苏联的 M-20 计算机调试不太顺利，筹备委员会领导经过研究认为还是仿制已经成熟的计算机比较稳妥，于是决定购买 БЭСМ 大型计算机和 M-3 小型计算机的图纸来仿制，虽然售价是昂贵的。这样，夏培肃他们对 M-20 的改进设计就未被采用。不过，这次仿制也培养了几位为我国后来自行设计大型计算机的设计人员。

БЭСМ 计算机和 M-3 计算机的图纸很快就买回来了，苏联还派专家来帮助调试。为了更好地了解 БЭСМ 计算机，筹备委员会派了以张效祥为队长的二十人实习队去苏联学习。在中国，仿制的 БЭСМ 计算机被称为 104 计算机，仿制的 M-3 计算机被称为 103 计算机。

　　赴苏考察团回国后不久，1958 年，闵乃大向中国科学院领导申请调到中国科学院电子学研究所工作，因为他的夫人是德国人，家住联邦德国，她不习惯中国的生活，想回德国。闵乃大于是被调到电子学研究所，由中国科学院派到民主德国去讲学，最后在联邦德国定居。

　　至此，我国最早研究计算机的三人小组就只剩夏培肃一个人还坚持在计算机科研战线上了。

培育中国第一代计算机人才

　　计算机是技术密集、知识密集的产业，要实施十二年科技发展规划中"计算技术的建立"，培养一支计算技术的专业队伍是一项重中之重的任务。

　　十二年科技发展规划在国家最重要科学技术任务说明书中的第四十一项："计算技术的建立"中，规定了人员培养的具体措施。除了北京大学、清华大学等几所重点大学陆续建立计算数学专业和计算机专业外，从 1956 年下半年开始，在中国科学院计算技术研究所筹备处设立以一年为期的计算数学训练班和计算机训练班，把在数学或工程技术方面已有基础的科技人员培养成为计算技术方面的工作人员，这种训练班将持续三四年，等到高等学校的有关专业培养出毕业生以后，即停办。另外，还在全国范围内选拔一些专业人员，以中国科学院计算技术研究所筹备处科技人员的名义，派往国外学习，出国手续由中国科学院办理。

　　根据上述规定，当时的中科院计算技术研究所筹委会及后来的计算技术研究所遵循规划文件规定的"先集中、后分散"的原则，在人才培养方面，主要有两大任务。一是派人到苏联去学习计算机，然后仿制苏联的计算机；二是在国内培养自己的计算技术人才，然后派往全国各大部委、科研机构和高等院校等。

作为贯彻人才战略的负责人，夏培肃为计算技术研究所筹备处，组织实施了超过七百多人的人才培养计划[①]。在阎沛霖等所领导的大力支持下，夏培肃倾注了全部心血，人才培养计划取得了极大成功，中国科学院计算技术研究所（含筹备处）成了名副其实的计算技术人才培养的摇篮。

向国外派遣留学进修人员

除了规划期间派往苏联的"我国第一个计算技术赴苏考察团"外，筹委会还派出了以下人员去苏联学习。

（一）派高中毕业生去苏联上大学，学习计算技术

根据规划规定，中国科学院计算技术研究所筹备处从北京俄语学院留苏预备部的已学了一年俄文的高中毕业生中选择三十名学生去苏联学习。其中有十五名学生送去莫斯科动力学院计算机专业学习，他们是：孙乐之、薛凤林、华秀玲、程文铨、李树贻、杨培青、张淑文、王振山、黄清化、庞秀云、王玉祥、余丽珍、范臻、王玉芝、李颖芝。

另外，十五名学生送去列宁格勒工学院计算机专业学习，他们是：梁琦、宋德芬、范润林、窦喜平、何玉珍、张国光、张修、尹守峻、苏学智、苏梅珍、余泽和、吴景廉、李鹏飞、乞淑兰、焦桐礼。

这三十名学生于1956年去苏联学习，他们中的绝大部分于1962年大学毕业后回国工作。

（二）向苏联派遣为期一年的进修人员

根据规划规定，为了培养电子计算机、程序设计和计算数学的人才，中国科学院计算技术研究所筹备处组织了二十人的实习队去苏联进修。在这二十人中，有十一人去苏联科学院精密机械与计算技术研究所学习计算

---

① 参见夏培肃的文章"计算所建所初期科技人员的培养情况"。《中国科学院计算技术研究所三十年》中国科学院计算技术研究所，第56—70页。

机，他们是：张效祥、朱廷一、金怡濂、姚锡珊、刘锡刚、张玉生、王庭梁、曹西申、胡祖宣、王振玉、冼福龄。

有六人去苏联科学院计算中心学习计算方法和程序设计，他们是：杨芙清、王玛丽、王树林、崔蕴中、徐国荣、杨奇。

有三人去苏联科学院精密机械与计算技术研究所学习自动化翻译，他们是：李明、彭楚纯、刘涌泉。

这个实习队由张效祥任队长，朱廷一任副队长。除刘涌泉以外，实习队于1957年1月去苏联，其中绝大部分于1958年陆续回国，个别人（例如杨芙清、张玉生）继续留在苏联学习，最后于1959年回国。

除了以上二十人之外，派遣的实习人员还有：修少驹，1957年去捷克；李龙、廖道文、谢金璋，1958年去苏联科学院精密机械与计算技术研究所。

（三）赴苏联攻读研究生

从1956年到1959年，中国科学院计算技术研究所筹备处从全国范围内选拔了十人去苏联攻读研究生。其中五人去苏联科学院精密机械与计算技术研究所，他们是：李三立、王选民、江明德，1956年出国；徐培南，1957年出国；唐裕亮，1958年出国。

另外五人去苏联科学院计算中心，他们是：石钟慈、曾肯成，1956年出国；许孔时、刘慎权、王汝权，1958年出国。

以上十名研究生中的绝大多数于1960年至1962年陆续回国。由于各种原因，获得副博士学位（相当于英美等国的哲学博士）的只有：李三立、王选民、刘慎权、王汝权。

在国内举办四届训练班

要完成培训，首先要找个合适的负责人。当时国内已经弄清计算机原理、且能自己动手设计计算机的人才屈指可数。夏培肃不仅具备这些条件，也有在数学研究所开办几十人规模的计算机原理讲习班的经历。而且，夏培肃深厚的数学和电子技术功底，使她的讲课条理清楚，深入浅出，善于把复杂问题讲得很清楚，深受学员们欢迎。所以，尽管当时夏培肃正在完善107机的设计，但是既然规划已明确了"先仿制后自行设计"的原则，筹委会的领导就让夏培肃暂缓107机的设计，先把国内人才培训这项艰巨而光荣的任务承担起来。认识到人才培养的迫切性和重要性，夏培肃毅然放下了手头工作，愉快地接受了这项繁琐而又艰巨的任务，全力以赴地投入了计算机人才的培训工作。

从1956年到1962年，计算技术研究所筹备委员会共安排了四届训练班，训练班由两部分组成：一部分是计算机训练班，由夏培肃负责；另一部分是计算数学训练班，没有专职的负责人。计算数学训练班的人没有计算机训练班多，还少办了一期（第二届训练班就没有计算数学训练班），而且夏培肃也给计算数学训练班的前几届学员讲计算机原理课。因此，夏培肃虽然不负责计算数学训练班，实际上也是计算数学训练班的"计算机原理"的课程老师。

（一）第一届训练班

从1956年秋天开始，1957年夏天结束，这届训练班包括计算机和计算数学两个部分，学员共约一百五十人。

计算机训练班是中国科学院计算技术研究所筹备处和清华大学合办的。学员分为三个部分。第一部分是从清华大学电机系和上海交通大学电机系已学习了三年的大学生中抽调出来的三十人，他们在训练班学习了一年之后，由清华大学发给大学毕业证书。他们包括：王尔乾、顾德敬、费廷和、胡宗藻、赵本英、叶庆丰、齐祥元、王梦阳、周在钧、何振邦、梅协英、朱锡纯、王行刚、杨德新、夏纪寅、吕志文、葛人飞、沈亚城、熊云高、王爱英、宋德玉、过介堃、江雅珍、杨天行、徐惠国、舒贻庆、李世伟、蔡永昭、王洒泉、汪克仁。

第二部分是1956年分配到中国科学院计算技术研究所筹备处工程方面的大学应届毕业生，共有二十多人，他们包括：唐裕亮、谢鸿、钟崇芳、黄汛、刘玉、陈绍诚、朱光燊、竺乃刚、苏振泽、董占球、柳维长、陈长令、伍福宁、张杰、吴乐之、游延丰、赵隆邦、郭振寰、黄自宁、徐培南、支碧岑、周玉珂、曹福治、张品贤。

第三部分是有关兄弟单位送来代培或进修的人员及新调入中国科学院计算技术研究所筹备处的有关科技人员共约二十人，他们包括：周锡令、苏东庄、居兆林、胡正家、胡道元、沈庆华、王遇科、叶公荫、黄德金、霍翼民、何育辽、陈业柱、潘植庵、尤大泓、郑衍衡、徐路、任锡田、邢月敏、柳浦生。

计算机训练班的教学工作由夏培肃、黄玉珩负责，课程内容主要有三个方面：①计算机原理：包括布尔代数、开关网络、计算机的各个部件（即运算器、存储器、控制器等）以及 БЭСМ 计算机。讲课人员有夏培肃、范新弼、徐㫤、曹履冰、周寿宪。②电路技术：包括脉冲技术、电子管计算机电路、晶体管电路。讲课人员有黄玉珩、吴几康、蒋士騛、郑守琪、虞承宣。③程序设计：讲课人孙念增。

另外，为了使那些从大学中抽调出来的三十名大学生达到计算机专业本科大学毕业生的专业要求，清华大学专门为他们开设了以下课程：电子技术基础、无线电技术基础、自动调节原理、模拟计算机、近似计算、线性代数等。

计算数学训练班是中国科学院计算技术研究所筹备处和北京大学合办的。学员也有三个部分。第一部分是从北京大学、复旦大学、南京大学、东北人民大学、武汉大学的数学系已学习了三年的大学生中抽调出来的三十人，他们在训练班学习了一年之后，由北京大学发给大学毕业证书。他们包括：许卓群、黄鸿慈、高庆狮、陈堃銶、韩启成、张跃科、刘鸿德、邹今健、殷健中、汪翼云、王吉祥、王炬、陶仁骥、罗世凤、唐策善、顾基发、沈绪榜、仲萃豪、施伯乐、蒋尔雄、惠毓明、袁威廉、方钟杰、谢宝棠、杨振雄、鲍信炯、潘纯修、姚兆炜、何锡荣、陈经霖。

第二部分是 1956 年分配到中国科学院计算技术研究所筹备处的数学系毕业的大学应届毕业生二十余人，他们包括：刘慎权、董韫美、王汝权、李家楷、顾元、张绮霞、王平冶、邱佩瑜、林宗楷、周明渠、邹兴德、王宗元、罗晓沛、王亨慈、陈式曾、夏世位、滕育贤、段魁臣、刘一洲、张之相、林文干。

第三部分是有关兄弟单位送来代培或进修的人员及新调入中国科学院

计算技术研究所筹备处的有关科技人员共约二十人，他们包括：张以信、储钟武、许自省、邹海明、王焕章、黎世烈、李伯民、宗月娴、李有德、李开德、黄启晋、张之驻、曲佩兰、蒋维镛、李巨川、黄德良、李平渊、谢铁柱、黎侄钻、余潜修。

计算数学训练班的课程内容主要有：①计算方法：由胡祖炽讲授；②程序设计：由孙念增讲授；③数理方程的直接法：由冯康讲授；④计算机原理：由闵乃大、夏培肃、范新弼、周寿宪讲授；⑤无线电原理及实验：由张世龙负责并讲授；⑥专题讨论班：包括初等函数逼近，由徐献瑜主讲；偏微分方程的计算方法，由何国伟主讲；线性代数。

计算数学训练班于1957年夏天结束后，大部分学员仍集中在中国科学院计算技术研究所筹备处听苏联专家什梅格列夫斯基（Ю·Д·ШМЫГЛ-ЕВСКИЙ）讲课。从1957年秋天到1958年夏天，他讲了三个课程：①程序设计；②标准函数的计算方法及程序设计：这个课程按小组指导方式讲授；③程序设计自动化：这个课程是专门为从事程序工作的人员讲授的。

听苏联专家讲课的，除了原数学训练班的学员以外，还有许孔时、魏道政、黄兰洁、甄学礼等。另外，还有北京大学、清华大学等单位的有关人员。

（二）第二届训练班

从1957年秋天开始到1958年夏天结束，只有计算机班。学员共四十二人，分为两部分，第一部分有三十人，他们是从清华大学和哈尔滨工业大学电机系已学习了四年的大学生中抽调出来的。他们经过训练班培训一年之后，分别由原来所在大学发给毕业证书。他们包括：徐正春、李润斋、陈滨、廖道文、谢金璋、沈世刚、陈树楷、王惠溥、游鄂毓、时钟霏、夏绍瑟、沈家荜、张务健、贾耀国、缪道期、刘庭华、时万春、张复、郭志先、张汝海、王智和、尹金堂、张顺花、帅承德、郭能发、石国华、于荡、徐兴声、刘寿康、祖启明。

第二部分有十二人，他们是西安交通大学、哈尔滨工业大学送来进修的教师和中国科学院计算技术研究所筹备处新分配来的大学毕业生。他们包括：曾茂朝、鞠兰凤、倪受东、刘清、王以和、余秉钧、李全举、鲍家元、梁惠荃、术志萤、胡锡曾、肖哺牧。

训练班的教学工作由夏培肃负责，沈亚城协助，课程如下：①无线电技术基础：由于怡元讲课，陆志刚辅导；②无线电技术基础实验：借用清华大学的实验室，由沈亚城、苏振泽辅导；③脉冲技术：由周寿宪讲课，过介堃辅导；④计算机原理：由夏培肃、黄玉珩、刘锡刚讲课，沈亚城辅导；⑤程序设计：由徐献瑜讲课；⑥毕业设计：由夏培肃、沈亚城指导。该毕业设计是利用高频锐截止电子管 6H3П 设计出计算机所用的全部元件电路，包括触发器、"与"门、"或"门、反相器、全加器、脉冲发生器、阴极跟随器、整形器等。这些电路的时钟频率为一兆赫，为 БЭСМ 计算机的五倍。训练班的学员分成很多小组，每一个小组承担一个电路。他们除了设计以外，还在实验板上把电路接出来，进行了测试，并有书面报告。

（三）第三届训练班

从 1958 年秋天开始，1959 年夏天结束。这届训练班的学员来自全国各地，共四百多人，其中大部分是从全国很多高等学校已念了三年的大学生中抽调出来的，他们在训练班学习了一年，之后由原来所在学校发给大学毕业证书。还有一小部分是从某些高等学校已念了两年的大学生中抽调出来的。另外，还有一小部分是由各有关单位送来的具有大学毕业或更高水平的工作人员。训练班分为计算机和计算数学两个部分。计算机部分有二百多人，分为六个班，每班约四十人；计算数学部分有一百多人，分为四个班。训练班开始时在北京西苑中医研究院对面的一幢旧房子里（它过去是清朝的兵营），不久搬到北京林学院内，最后搬到北京香山公园。训练班的党、政、后勤工作有一个专门的班子，由孙万良负责。

（1）计算机训练班。为了搞好教学工作，成立了专门的计算机教研组，由夏培肃担任组长，沈世刚担任秘书，专职教员有过介堃、王惠溥、陈树楷，实验员有李春华、张淑亚。

计算机训练班学员的名单如下：马庆魁、杨树范、李昌宇、沈理、陈大有、庞秀珍、黄昌夺、高剑宇、莫泰雄、胡锡兰、朱永海、董鸿皋、佟

图5-3 第三届训练班工作人员合影（1959年6月。中排左六为夏培肃）

海山、屠幸敏、方光旦、金相泽、岑世喜、秦志斌、金虎范、金国培、李相万、潘显灿、梁文兴、于树清、江学国、尹良娱、蒋媚芳、周志英、吴宗保、赵冠琛、张震字、李福生、郑世荣、王立德、卜繁恕、彭永泽、林东海、王玺玉、金振玉、朴枝源、张光明、朱永林、牛健儒、陈美芹、杨丽英、何成奎、庄乃时、郑振华、罗希恒、陈忠、葛本修、何涛、白如瑜、陈显万、段世亮、任国孝、罗庆元、蔡邦鉴、丁林塏、郭建中、孙玉芳、孙贤德、吕振元、姚树奇、吴定璋、张骏星、王世儒、于文化、边哲元、戴清泉、景国晏、丛玉珍、李慧明、刘洪琴、许厚泽、胡子教、王邦厚、陈中林、甘伯祥、裘鉴卿、陶瑞星、唐振业、张人菊、曾继钊、周行林、王正昌、吕声权、肖祖章、刘衡字、康来绪、蔡添才、安维蓉、陈锡安、华彬文、黄武动、梁见诚、尹恭赓、刘生民、刘昌时、刘启文、金启裕、张清辉、钟国威、陈国祯、王孝良、赖润金、郑美民、陈芝蕊、燕渠源、魏之品、陈玉梅、魏保林、白世学、魏兰香、张连仲、高明敏、王玉卿、马庆乔、刘家驹、张学智、刘永善、王潼、刘凤琴、童祥云、陈怀印、赵逢喜、

第五章 计算技术研究所

王玉玲、陈天航、黄俊楷、孙贤德、孙连魁、黄冠军、程立生、陈敬、赵学义、李玉英、阎坤丽、张世杰、胡宣华、黄善金、于伟新、王崇信、刘家菊、林福修、龚学义、刘贤德、赵怀章、陈英明、蔡鹏星、张佳昆、程以南、许自强、范锡章、邓作夫、周继忠、姚世全、彭才浩、张王范、杨希炯、王庄志。

关于计算机训练班的课程，由于当时中国科学院计算技术研究所对计算机研制工作已经全面铺开，所以训练班的讲课内容除了上届训练班讲授的以外，还反映了一些正在各有关研究室中进行的工作。主要的课程如下：①电子管线路和实验，由沈世刚和王惠溥负责讲授；②脉冲技术，由过介堃和陈树楷负责讲授；③晶体管电路，由蒋士骕、梁吟藻、支碧岑、沈家荦、王以和讲授；④计算机原理，包括布尔代数、电子管元件电路、运算方法及运算器、控制器，由夏培肃、吴几康、虞承宣讲授；⑤计算机存储设备及线路，由黄玉珩讲授；⑥计算机外围设备及线路，由姚锡山、刘锡刚、杨天行讲授；⑦计算机电源，由胡祖宣讲授；⑧ БЭСМ 计算机，由张效祥讲授；⑨程序设计，由董韫美讲授；⑩毕业设计，大部分学员围绕着107计算机的元件电路进行毕业设计，小部分学员到一些研究室去进行毕业设计。

（2）计算数学训练班。计算数学训练班由计算技术研究所第三研究室负责教学工作，具体的教学组织工作由顾元负责。学员包括：黄水生、李为鉴、梁梦链、敖超、李旺尧、蒋性钊、李荫藩、曹维潞、梅多伦、赖翔飞、周师曾、洪秀涛、李书眉、刘宗文、喻咸宜、王云、郭直生、李剑宇、曾继钊、唐敏雄、张育泉、杨簏引、熊金生、黄育潜、邓仁爱、梁京模、周志明、彭清泉、蒋继光、康金章、邵兴方、秦贺良、王图坤、陈国祯、刘成光、刘愈、林爱琴、王弗留、黎亮琪、张毅、徐文山、徐元章、罗文化、佟大铁、冯永祥、姜俊茂、周继安、欧秀仪、李万学、徐立本、苏玲彦、孔令全、汤怡群、钟惜钦、邵品刚、沈庆华。

开设的主要课程有：①计算方法，讲课教员有魏道政、王树林、黄兰洁、王玛丽、徐国荣、甄学礼等；②程序设计，讲课教员为徐献瑜；③实习，学习用计算机解决实际问题。首先组织学员调查了北京市很多部门和工厂的需要计算机解决的问题，然后用计算机来计算这些问题，它们包括：北京市火车站薄壳屋顶的应力计算、水坝应力计算、长江水文计算、建筑设计计算等。

（四）第四届训练班

从 1960 年秋天开始，1962 年夏天结束。这届训练班也分为计算机和计算数学两个部分。总共有学员约一百五十人，其中三分之二以上是从同济大学等七所高等院校抽调出来的已念了两年的大学生，其余为有关单位送来进修的人员及中国科学院计算技术研究所的部分非计算机专业毕业的大学生，以及一些具有实际工作经验而未达到大学毕业水平的技术人员。这届训练班是和中国科学技术大学合办的。训练班的学员学习两年后，由中国科学技术大学发给毕业证书。训练班的党政工作由孙嘉峰负责。

（1）计算机训练班。为了完成教学任务，成立了教研组。教研组由夏培肃负责，顾德敬任秘书，专职教员有董占球、支碧岑、过介堃、朱锡纯、贾耀国、王惠溥，实验员有张淑亚。

学员包括：董庆裕、范钦森、蒋尧根、刘经华、范本荣、赵子宁、王梁栋、张正钧、陈华青、张维法、张褉芳、刘善林、黄广东、王维知、徐雨金、张自立、邵文珠、高庆吉、胥秀文、郑柱衡、赵忠发、刘炳汉、夏阁宽、张祖祥、顾乃吉、陈大森、宫润松、吴亚明、陆东升、谭徽荣、贾庚昌、刘公陆、吕凤芝、阎景臣、宋国士、戴江升、王树和、孙忠臣、朱秀兰、王淑琴、肖成昌、曹成业、孙忠录、尹七星、张占山、李春华、高鸿智、张伟、胡祥森、彭忠良、方瑞苓、王铎、全天太、张国光、李颖芝、王坤彩、高斯炎、曹桂岩。

训练班的学员和中国科学技术大学计算机专业的三年级学生同班上课，中国科大的学生包括：蔡明行、蔡文庭、陈炳孚、陈景有、王祥禄、陈雅梅、刁烈燊、董泽溥、范芸、方明熙、傅振东、高寿山、顾国钧、关宏昌、韩承德、贺荣华、胡纯阳、黄光中、季昌保、姜凤玉、来凤智、黎光天、李恒星、李品良、李松青、李腾汉、李文祥、李振国、林国宁、凌文之、刘德富、刘镜周、刘立瀛、刘岁杪、刘晓梅、刘玉田、刘仲方、刘作鉴、马淑清、马振兴、莫渭浓、倪根荣、齐培华、邵祖英、沈金生、沈庆韵、宋供周、孙泉海、王侃、王明泉、王能琴、王乾明、黄同金、王永琳、王永义、王玉栋、王占营、王子谦、王宗贞、邬宝泉、夏南银、夏荣华、许再牧、杨澄树、杨池芬、杨贡华、杨玉林、杨中华、姚廷库、于家垿、张科、张福春、张静娟、张举富、张明珠、张绍宗、张天琛、张永禄、赵双、郑金林、郑瑞泰、钟海顺、周庆标、朱锡林、邹介富。

课程如下：①高等数学，由中国科学技术大学安排的教师讲授；②电工原理，由贾耀国讲授，严家耀辅导；③电子管线路，由董占球讲授；④脉冲技术，由过介堃讲授；⑤晶体管脉冲电路，由支碧岑讲授，王惠溥辅导；⑥无线电测量，由侯连赏讲授；⑦计算机原理，由夏培肃、朱锡纯、陈长令讲授；⑧程序设计，由邱佩瑜讲授；⑨俄语，由桂芝讲授；⑩计算机线路和毕业实习。

（2）计算数学训练班。有专职教员三人，即罗晓沛、滕育贤、潘纯修。罗晓沛任教学秘书。

学员包括：郑介庸、刘淑珍、李凤林、刘立新、黄厚科、吴同宽、刘天恩、赵升祥、王宝盛、范良弼、张文普、沈民华、周蓉良、金国栋、阎得福、孙淑清、赵振亚、孙守义、隋明霖、淮立琴、吴志民、庞志芳、王镏、阮建明、赵金林、秦林祥、黄和生、陈耀民、陆成达、项金龙、凌连生、万山江、徐承忠、吴乾隆、李民钟、顾全林、季仁汇、陈宗昌、王显宗、娇其士、魏宝贤、刘求龙、曹国桢、丁义炯、张火荣、游腾高、肖德保、王光群、邬启元、杜鸿彬、刘根廷、刘德孙、刘国珩、李毓瑞、罩伯良、游依仁、米瑞霞、孙爱芬、倪铃、裴秀媛、尹亚丽、江林富、李焕仪、李春霖、胡宪声、赵进宇、王永香、罗来琪、罗玉珍、康玉娟、程秀堃、崔玉玺、谭添好。

课程如下：①数学分析，由王平洽、张济朋、潘纯修讲授；②线性代数，由罗晓沛讲授；③常微分方程，由滕育贤讲授；④数学物理方程，由滕育贤讲授；⑤程序设计，由潘纯修讲授；⑥计算方法，由罗晓沛讲授；⑦计算机原理，由朱锡纯讲授；⑧俄语，由耿立大讲授；⑨毕业实习。

从1956年到1962年，经中国科学院计算技术研究所（在1959年以前为中国科学院计算技术研究所筹备处）共举办了四届为期一年到两年的训练班，共培养出具有大学本科毕业水平的计算技术专业人员共七百余人。他们后来分布在全国各地，成为发展我国计算机事业的极其重要的力量。他们中间很多人成为所在单位的领导干部和业务骨干。作为训练班的负责人，夏培肃在培养我国第一支计算技术专业队伍方面，特别是在教学组织和计算机知识的传授方面，功不可没，她的学生桃李满天下，其影响远远超过了研制一台计算机。

得益于夏培肃组织实施的人才培养计划，计算技术这个人才辈出行业涌现出了无数领军人物，并分散在全国各行各业，成了那里的创始人、奠基人、学科带头人[1]。例如，张效祥、金怡濂、李三立、杨芙清、高庆狮、董韫美、石钟慈、沈绪榜等，已晋升为计算技术方面的院士，金怡濂还荣获国家最高科技奖。为"两弹一星"和计算机产业的组织实施做出卓越贡献的总装备部科技委常务副主任李恒星中将和电子工业部计算机司杨天行司长。在教育战线，全国著名高校计算机专业的主任或知名专家有清华大学的王尔乾、王爱英教授，北京大学的许卓群、陈堃銶教授，中国科学技术大学的罗晓沛、郑世荣教授，复旦大学的施伯乐教授等。在科研战线，中国科学院计算技术研究所的主要技术骨干，如曾茂朝所长，李润斋、张修、周佶副所长，唐裕亮、张玉生主任等；中国科学院软件研究所的许孔时所长，仲萃豪研究员等，以及中国科学院微电子中心的沈世刚主任，等等。

---

[1] 参见阎沛霖的文章"计算所初创时期的几点回忆"。《中国科学院计算技术研究所四十五周年》中国科学院计算技术研究所，第43页。

第六章
我国自行研制的第一台通用小型计算机

灵感与目标

　　二十世纪四十年代末期，华罗庚参观了冯·诺伊曼正在研制的EDVAC[①]计算机。在这台计算机中，冯·诺伊曼提出了两个极其重要的设计思想，为计算机的设计树立了一座里程碑。

　　第一个设计思想是在计算机中使用二进制，即计算机中的代码只有"0"和"1"，这可以方便地用电子元件的两个稳定状态来表示，二进制的采用大大简化了计算机的逻辑电路。但人们习惯于十进制，这在输入时，可用软件将十进制的数自动转换为二进制。

　　第二个设计思想是存储程序，即将计算机的计算程序和所计算的数据都放在存储器里，这样，计算机可以自动进行计算，不需要人的干预。

　　EDVAC由五个部分组成，即运算器、控制器、存储器、输入和输出

---

① EDVAC是"电子离散可变自动计算机（Electronic Discrete Variable Automatic Computer）"的缩写。

设备。它是二进制串行计算机，具有加、减、乘和软件除的功能。使用水银延迟线存储器。

EDVAC 是第一台具有现代意义的通用电子计算机。它的体系结构一直延续至今，现在使用的计算机都是二进制的，其基本工作原理仍然是存储程序和程序控制，所以现在的计算机都被称为冯·诺伊曼结构计算机。

当年华罗庚在数学研究所希望计算机三人小组研制的计算机就是像 EDVAC 那样的计算机，但三人小组只知道 EDVAC 采用二进制和存储程序，而不知道 EDVAC 的具体结构细节。他们在没有 EDVAC 和苏联计算机资料的情况下，经过三年多的努力，试验成功了一些基本逻辑电路和示波管存储器，设计了四则运算的算法、运算器和相应的控制器结构。1956 年，国家制定发展我国科学远景规划时，决定仿制苏联的计算机，计算机小组原来的工作暂时中断。

坚持自主研制

107 计算机是由夏培肃主持设计研制的我国第一台自行设计研制而且成功运转的小型通用电子数字计算机。

1958 年，正是"大跃进"的高潮，计算技术研究所举办第三届计算机训练班的学生们提出要研制计算机。1959 年，训练班的学员大部分到不同的研究室做毕业设计，小部分到计算机教研组去研制一台小型计算机，该计算机被研究所领导命名为 107 计算机，计算机教研组被改名为 107 计算机研究组，由夏培肃负责。

夏培肃对过去在物理研究所设计的计算机进行了修改，最大的改动是将示波管存储器改为磁心存储器，因为当时计算技术研究所由范新弼负责，已研制成功磁心。当时的磁心存储器都是为并行计算机制作的，而 107 计算机是串行计算机，于是，黄玉珩专门为 107 计算机设计了一个串行磁心存储器。

除了存储器以外，过去设计的电路也不能用了，因为夏培肃从大学到物理研究所做电路实验所用的电子管型号和特性都是美国标准。1956年，北京电子管厂在苏联的帮助下建成投产，所生产的电子管型号和特性都是苏联标准。为了了解苏联电子管的特性，1958年，夏培肃让第二届训练班的全体学员进行毕业设计时，用苏联标准的电子管做计算机的基本电路。因此，她对苏联标准的电子管特性也有了较好的了解。在研制107计算机时，她设计了一个很稳定的触发器，这为107计算机的稳定运行奠定了基础。当时计算技术研究所按照苏联图纸复制的M-3计算机很不稳定，每隔半小时左右就要出一次故障，打开或关上机房的日光灯时，由于电磁波的干扰，机器就要出问题。而夏培肃设计的触发器，不会因为随意开、关日光灯造成触发器翻转。除了触发器以外，她和过介堃等训练班的教员们还设计了107计算机的其他电路。

夏培肃还确定了107计算机的总体功能，设计了四则运算的算法、中央处理机的全部逻辑图纸、插件在底板上的布局、底板接线图、控制台面板等。

107计算机是一台小型串行通用电子管数字计算机，采用冯·诺伊曼体系结构，二进制，定点，字长三十二位，补码。一地址指令，指令长十六位，每个存储单元放两条指令。在指令中，操作码占用四位，其余为地址码。磁心存储器容量为一千零二十四字。机器可执行十六种操作：即接收、发送、接收反码、逻辑加、逻辑乘、移位、加法、溢出不停机的加法、减法、乘法、除法、无条件转移、条件转移、非零转移、打印、停机。机器主频为62.5千赫。

在107计算机加工以前，夏培肃让在实验室做毕业设计的学生们对机器所用的电阻和电容进行了严格地筛选和测试，并制作了对电子管老化和测试的设备。

107计算机加工后，在调机以前，因为当时的人工焊接容易出现虚焊，于是夏培肃提出了一种单脉冲循环的检查方法，即产生一个单脉冲在需要测试的器件和焊点所形成的回路中运行，如果运行不间断，说明一切正常；如果运行停止，则说明回路中的器件或焊点有问题。这项检查是夏培肃亲自动手完成的。

在107计算机调试以前，夏培肃编制了计算机电路、插件、部件和全机联调的调试手册。规定了先做什么，后做什么，每一步都规定得清清楚楚。参加调试工作的学生按照手册的规定调试计算机。在调运算器时，一个学生两天就把除法以外的运算器调好了。为了找出除法调不出来的原因，夏培肃花了一个通宵的时间，发现除法器中有一个信号没有和时钟脉冲对齐，这是她设计时的疏忽。经修改后，除法的问题就解决了。其余的调试都比较顺利，107计算机的联调很快就完成了。

由于当时的电子管工作寿命大约只有五百小时，及时更换性能下降到一定程度的电子管，是保证机器长期稳定工作的重要一环。夏培肃为了找出接近失效的电子管，机器每运行一段时间，就要人为地进行一次电压的"拉偏试验"，看机器是否还能正常工作，用这个方法找出应该换下的电子管。

中国科学院创建中国科学技术大学的原则是"全院办校"和"所系结合"。在107计算机调试成功后，计算技术研究所的领导决定将107计算机安装在中国科学技术大学。当时中国科学技术大学计算机专业的教师们也想研制计算机，于是派了一些教师到计算技术研究所学习。

107计算机虽然已经调试成功，但串行磁心存储器还不很稳定，于是中国科学技术大学的钟津立和杨学良就学习和重新设计了一个串并行的磁心存储器，并在计算技术研究所进行加工，其数据从存储器读出或写入是八位并行的，而对中央处理器的数据接收和发送是串行的。

107计算机所用的直流稳压电源是由计算技术研究所电源部门提供的，中国科学技术大学没有专门的电源部门，所以赵鼎文等为107计算机设计了一个直流稳压电源，它也是在计算技术研究所加工的。

107计算机换了存储器以后，工作稳定。一机部火炮研究所根据107计算机的图纸，成功地复制了一台机器，用于弹道计算。

夏培肃设计的107机的触发器写成文章发表后，中国科学院沈阳计算技术研究所根据其原理，也设计成功了他们的触发器，后来也研制成功了计算机。

1962年1月19日，中国科学院计算技术研究所副所长吴国华、副研究员冯康、范新弼以及李道凯等专家对107计算机的运行做了一次技术鉴定，当场表演了在107机运行程序的过程中突然断电，然后再合闸，107机经受住了停电的冲击，原来在机器中运行的程序仍能继续正确执行，107机可以像一台电子仪器那样随意开关。[①]

搬到科大的107机

当时中国科学技术大学位于北京玉泉路，1960年初，107计算机搬迁到了那里。中国科学技术大学没有专门的计算机房，只是腾出一间大教室来安装107计算机。107机的机柜在计算技术研究所设计时，已考虑到通风散热问题。机柜是密封的，冷风从管道送入机柜，将机器产生的热量从出风口处送出。科技大学没有专门的通风系统，只能在机房的窗户上安装两台大型的排风扇，机柜的门打开，几台电风扇不停地对着机柜中的电子管吹，为它们散热。107计算机在这样的环境下居然也能正常工作。后来，学校将一个阶梯教室改造成有冷冻机降温的新机房，107计算机才从教室搬到那里。

1960年4月，107计算机通过正式考试，考试时它连续无差错地工作了二十个小时半，最后是人工停的机。根据美国公布的资料，冯·诺伊曼设计的EDVAC于1951年研制成功，到1960年，才达到每天超过二十小时的生产性

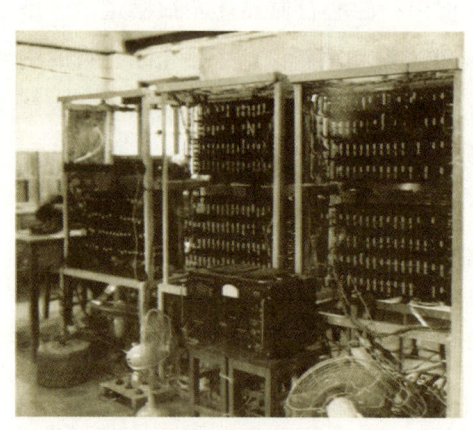

图6-1　107计算机（1960年）

---

① 107机能够经受停电的冲击，合闸后继续运行原来的程序，得益于它采用的磁心存储器。磁心存储器是一种非易失存储器，掉电后不会丢失数据。而现在计算机的主存大都采用半导体动态存储器，它是易失的，掉电后不能保存数据。

图 6-2 107 计算机的全景照片（1960 年）

运行，平均无差错工作时间为八小时。107 计算机的稳定工作时间比当时按照从苏联购买的图纸而加工的 103 计算机的无差错工作时间长几十倍。

107 计算机占地六十平方米，共有六个机柜，其中中央处理机两个、磁心存储器两个、电源两个。另外，还有作为输入和输出设备的五单位发报机一台，电传打印机一台和控制台一个。全部共使用电子管一千二百八十只，功耗六千瓦（不包括通风）。平均每秒运算二百五十次。

1960 年 6 月，全国第一次计算机学术交流会在上海举行，夏培肃在这次会议上做了关于 107 计算机的设计方案和研制经验的报告。

自从 1956 年我国科学发展长期规划后，很多高等学校都开始研制计算机，但都没有成功。当他们听了夏培肃的报告后，都先后到中国科学技术大学参观、学习和进修。这些学校是南京大学、北京工业大学、北京邮电学院、吉林大学、皖南大学、武汉测绘学院、贵州大学、山西大学等。

107 计算机搬迁到科技大学后，郑世荣等教师做了多项改进工作。

一项工作是把 107 机运算器从串行操作改成了按字节并行操作，磁心存储器的读写时序和运算控制逻辑也相应做了改进，使运算速度提高了八倍。

另一项工作是在存储器自检方式的基础上增加了汉字点阵图形的显示，就是利用程序把汉字的点阵图形按汉字字型分别存储在磁心存储器的磁心矩阵上，然后再读出来并用示波器"Z"轴"打点"，于是 107 机就可以显示汉字信息了。这在六十年代可算是一件开创性的成果。

再一项工作是为了便于计算机原理课的教学和学生上机实习，在 107 机上设置了超低频脉冲工作状态。机器运行的主脉冲为每秒一个，因此数

第六章　我国自行研制的第一台通用小型计算机

据在控制台上每秒一步地"步进",节奏适中,宜于肉眼观看。学生可以很清楚地看见数字信号在计算机各部件中的实际运行实况。例如,机器如何从存储器取得指令?指令如何被译码?如何取得数据?如何执行运算?如何传输运算结果?如何修改地址得到下一条指令等?指令的执行循环和数据加工过程皆一目了然,学生学计算机原理时,再也不会感到计算机神秘莫测了。

另外,中国科学技术大学的教师还改进了107机的输出设备——电传打印机,使其编码和107计算机的输出编码一致。

107计算机计算的第一个题目是潮汐预报。开始时用机器语言手编程序,后改用代真码符号程序。中国科学技术大学的周行仁等教师为107计算机开发并设计了系统管理程序和应用服务程序一百多个,包括检查程序、错误诊断程序、标准子程序、标准算法应用程序以及汇编语言解释程序等。

中国科学技术大学的教师们以107计算机为基础编写了《程序设计》讲义,作为该校计算机专业、力学系、自动化系、地球物理系的教材。共有计算机专业的学生二百四十人和外系学生三百六十人自己编写程序在107机上算题。

107计算机除了为教学服务,还接受了一些外单位的计算任务,它们包括原子反应堆射线能量分布计算、原子核结构理论中的矩阵特征值向量计算、功率谱计算、延迟线参数计算、爆破波传播计算、隧道二极管特性计算、自动控制中的最佳控制计算、单摆运动计算、建筑工程中的震动曲线计算、核物理、力学、微波领域中的某些计算等。

107计算机是我国高等学校中的第一台成功运转的计算机,为培养中国科学技术大学的学生做出了贡献。

107机的历史使命

107计算机由于种种原因,经历了三次搬迁。第一次是从生产地中国科学院计算技术研究所搬到玉泉路中国科学技术大学教学楼。第二次是在教学楼内，从大教室搬到由阶梯教室改造的面积更大、有冷冻机降温的新机房。第三次是1970年随中国科学技术大学南迁合肥。

　　第一次搬迁是把107机安装在中国科学技术大学教二楼一层的机房。由于这个机房只有六十平方米左右，六个大机柜，还有控制台等，摆放得已经很挤了，不适应教学和其他工作需要。

　　随着107机进入正常运行，应用不断扩展，教学工作对107机提出了新的需求。领导决定把这个楼里东边的阶梯教室改造成新的107机房，同时对机器进行全面的彻底维护，并作了部分性能上的改进。增加了少量插件，改动了一小部分线路，使机器运行速度有显著提高。另外，新机房还加建了冷冻机组，使机器可靠性得到进一步提高。

　　中国科学技术大学下迁到合肥，已经是进入1970年代的事了，那时候国内的晶体管计算机已经有了很大的发展，在"文化大革命"之前就研制成功了多种型号的晶体管计算机，并且部分机型已进入生产阶段，形成产品了。

　　107机是一台分离元件的第一代电子管计算机，该机已经几经搬迁，"文化大革命"中，还停机放置了几年，要想恢复运行是十分困难的。另外国际上计算机已经进入第三代，也就是集成电路时代。因此，当时中国科学技术大学的老师们想放弃107机，并跳过晶体管计算机时代直接研制第三代计算机。但学校的军宣队领导说，你们不能太性急，安徽人还没见过电子计算机呢！你们得先把107机恢复运行后再搞新机器。

　　听到居然要把电子管的107机从北京搬到合肥来的消息时，中国科学技术大学的老师们感到非常惊讶！这可是有六个大机柜、一个大控制台和两个小设备的大家伙啊！而且更可怕的是，它们之间的连线非常多，怎么处理？机柜里面那么多插件，插件上还插有电子管。尤其是机器的磁心存储器，那是用和头发丝差不多粗的漆包线穿出来的，那可是经不起震动的！另外，还有给机器降温的冷冻机组，氨压缩机、风机用了三台十千瓦电动机，这些都是很重的大块头。

　　107机运到合肥及其随后的安装工作，凭想象就能感受到工作量有多么大，辛苦就不用说了。但是，由于杨学良、郑世荣、邵仁荣、周基桑、陶志诚等老师，在北京"肢解"机器、包装、装运等方面，工作做得可以说是到了"非常完美"的地步，所以，107 机的运输、安装、恢复和调试工作还算进行得顺利。

对最最重点保护的磁心体，用了二层木箱，磁心体加了防震材料包装，放在里面的小箱里。然后用了八条弹簧，悬空固定在外面的大箱里。他们想得非常仔细、周到，箱子的盖，不是用钉子钉上的，而是用螺丝钉来固定的。

为了保险，这个不算小的木箱，是由周基桑一个人抱在怀里，坐小飞机运到合肥的。机场在三里街，工宣队出面，要了学校车队的小汽车，由卿志远和陶志诚去机场接回科大。

由于精心安排的运输工作，机器完好运到中国科学技术大学。各机柜、操作台之间的线虽然很多，但是因为事先做的记号很巧妙，重新焊接连上的工作很顺利。

中国科学技术大学南迁合肥后，在原合肥师范学院校址办学。恢复后的 107 机安装在合肥师范学院最好的称为"艺术楼"的房子里。当时，计算机专业为六系六专业，分得艺术楼大门的东、中部；西边的二层房子分给了二系新办的半导体厂。

107 机的机房在一层，最东边的北屋。在这屋子外不远的地方，新盖了一座平房用作 107 机的冷冻机房，安装冷冻机和通风机组，修了通风道进入机房，通到机柜。

计算机专业的党支部和教研室领导迅速集合队伍，抽调精兵强将，日夜苦战。从电源稳压器、测试设备到机器插件、底板、机房，无所不干、无所不修。硬是把一台放置多年、历经坎坷、反复折腾的 107 机修复过来正式运行了，而且还投入算题，这不能不说是一个奇迹。

可惜和无奈的是，当时的房子实在紧张，后来学校为了使用这间房子，只好报废了 107 机。107 机在学校 1964 年的"清产核资"中定为六十万元的"固定资产"，交到器材处后，他们用房也紧张。最终，中国第一台自己设计的小型通用 107 计算机，就完完全全被当废品处理掉了！

107计算机被拆除报废，连一个插件都没有留下来。夏培肃知道后，多次为之惋惜！她提及英国曼彻斯特大学研制的第一台计算机M-1，学校非常引以为荣，后来一直陈列在该校计算机系的入口处，凡是进出该系的人都可以看到这台计算机。

107计算机研制成功的意义，不仅仅因为它是我国第一台自行研制的通用电子数字计算机，更重要的是它说明了中国人有能力、有志气设计和研制自己的计算机。

第七章
创建中国科大计算机专业

一所独具特色的新型大学

　　十二年科技发展规划把一批新的学科门类介绍到了中国，又归纳出了六项紧急措施。为了更好地落实规划所确定的重点项目，急需培养大批尖端和新兴学科的新生力量。1958年初，北京地区一些研究所的科学家（包括钱学森、华罗庚等人）提出以中国科学院的科研力量为基础，采取"全院办校，所系结合"的方针，创办一所新型的社会主义大学。当年5月，中国科学院副院长张劲夫代表科学院向中央提出申请，刘少奇、周恩来、陈云、邓小平等中央领导人都表示赞成。随后，中国科学院院长郭沫若、教育部副部长黄松龄以及竺可桢、吴有训、严济慈、钱学森、杜润生、郁文、赵守攻、于光远等人组成大学筹备委员会，开始创办学校的筹备工作。学校名称定为"中国科学技术大学"，设置原子核物理和原子核工程系、技术物理系、化学物理系、物理热工系、无线电电子学系、自动化系、力学和力学工程系、放射化学和辐射化学系、地球化学和稀有元素系、高分子化学和高分子物理系、应用数学和计算技术系、生物物理系十二个系。在郭沫若和张劲夫的积极推动下，1958年，此项"紧急"之至的"措施"从酝酿筹备、到落实校舍、到招生开学，前后仅仅用了不到半年的时间，一所与十二年科技发展规划确定的研究重点相关、有十二个系的培养尖端科技人才的新型理工科

图 7-1　中国科学技术大学计算机专业教工（1961年）

大学——中国科学技术大学就以前所未有的速度奇迹般地建立起来了。

1958年9月20日，中国科学技术大学举行了成立暨开学典礼，在郭沫若校长主持下，时任国务院副总理的聂荣臻在开学典礼上称中国科学技术大学的创办是"我国教育史和科学史上的一项重大事件"。次日，人民日报报道了中国科学技术大学的成立，并称之为"我国教育史和科学史的一项重大事件"。

中国科学技术大学全面实施"全院办校、所系结合"的办学方针，主要体现在：倾全院之力，由当时中国科学院院长郭沫若担任中国科学技术大学校长，各系的系主任由中国科学院相应研究所所长兼任；重要基础课和专业课由研究所著名科学家讲授；高年级学生到研究所参加课程实验、科研实习和毕业设计。充分发挥科学院的科学家人才优势和研究所先进设备的实验条件。中国科学技术大学办校特色在国内独树一帜，创建发展很快，第二年就跻身为中国重点大学行列的第四名。[①]

兴办一所大学还必须要解决教师问题，时任中国科学院院长的郭沫若

---

① 《梅与牛——中国科大文化研究》，高等教育出版社。

亲自担任中国科学技术大学首任校长，中国科学院副秘书长、政治部主任郁文担任首任党委书记。赵忠尧、钱学森、华罗庚、郭永怀、赵九章等当时的学科带头人担任近代物理系、近代力学系、应用数学和计算技术系、化学物理系、地球物理系等系的系主任并亲自授课。这种办学的软件条件是北大、清华等名牌大学所无可比拟的。

在全面实施"全院办校、所系结合"的办学方针指引下，中国科学技术大学重要的基础课和专业课由研究所著名科学家讲授，例如，当时著名数学家华罗庚、关肇直、吴文俊、田方增、龚升等都投入了各个系的基础数学教学。由于大师云集，就基础数学而言，不像北大、清华那些老大学，中国科学技术大学没有统一的基础数学教学大纲，充分发挥了大师的专长，教学上，出现了百花齐放、百家争鸣的局面，达到了西方教学类似的学术自由，体现了新型大学的特色。高年级学生到研究所参加课程实验、科研实习和毕业设计，充分发挥了科学院的科学家人才优势和研究所先进设备的实验条件。

兴办一所大学还必须要解决学生生源问题。这是一个相当棘手的难题，因为批准中国科学技术大学办学时，已错过了大学招生报名填志愿的时机。1958年要招到理想的学生，似乎已不可能。在敢想敢干、向科学进军和"大跃进"的年代，一切奇迹都可能发生，招生也不例外。据1958年考入中国科学技术大学计算机专业的上海某中学学生回忆，在高考结束后，根据学生的平时表现、高考成绩和家庭出身，学校把一批符合条件的应届毕业生召集起来，重点宣传了党向科学进军的号召和即将成立中国科学技术大学的情况，介绍了中国科学院郭沫若校长及"全院办校、所系结合"的方针，以及华罗庚、钱学森、钱三强等知名科学家的情况。要求每个学生重新填写八个志愿。当时，中国科学院在青年学生的心目中，有着无比的吸引力。因此，大部分学生在重填志愿时，毫不犹豫地把中国科学技术大学填报成第一志愿，有的学生在第一和第二志愿中分别填上了中国科学技术大学的不同系，然后才是清华、北大、复旦、上海交大、浙江大学等其他名校。这种填写志愿的方法，把很多名校填入第二、第三，甚至第七志愿，这一切在大多数名校只录取第一志愿的今天，是不可思议的。

但是在敢想敢干，"党指向哪里，就奔向哪里"的"大跃进"年代又是确实发生的。中国科学技术大学的首届学生的招生难题就是这样在不可思议中解决的。

在中央的关怀和中国科学院郭沫若院长和党组书记张劲夫的积极推动下，在建校第二年，即1959年，中国科学技术大学被列为全国十六所重点大学之一，成为当时最年轻的全国重点大学。1959年8月，中国科学情报大学并入该校，成立了第十三个系，即科学情报系。1963年7月14日，学校举行首届毕业典礼，时任国务院副总理的陈毅、聂荣臻以及校长郭沫若等参加了毕业典礼。

创建计算机专业

应用数学和计算技术系在中国科学技术大学成立初期的排名为第十一系，简称十一系。十一系首任主任是中国科学院数学研究所所长华罗庚。华罗庚是一位罕见的同时兼顾理论数学、应用数学和计算机的全能型大师级人物，他亲自给十一系五十八级学生讲授基础数学课，他以深厚的数学功底，把复杂抽象的数学概念用几句话讲解得清清楚楚，真正做到了深入浅出。学生听他的课成为一种享受，他不仅传授知识，还教会学生怎样读书。华罗庚以大师的风范，教诲学生，读书一定要经历由厚到薄即融会贯通提炼出问题的实质，和再由薄到厚、举一反三、应用自如的过程。华先生的治学态度和读书方法，使学生受益终生。十一系的首任副主任姜清海，与中国科学技术大学的其他系类似，是一位曾经屡建战功的转业军人。姜清海曾经是中国人民解放军三十八军独立团团长，大校军衔。夏培肃被聘为中国科学技术大学计算机教研室首任兼职主任时年仅三十六岁。夏培肃应该算是最年轻的教研室主任，她得知消息后，既激动又倍感责任重大。她尤其兴奋的是，日后有了和她仰慕的华罗庚教授再一次紧密合作的机会！她能在专家、大师云集的中国科学技术大学出任计算机这门新兴学科的教研室主任，在当时是一件很难得的事情。这归结于她与华罗庚教授的良好合作关系，以及当时夏培肃的科研水平和教学水平在国内屈指可数，尤其她在开创期中国计算机人才培养中赢得的良好口碑。就这样，这位正在承担着负责连续举办多届计算机训练班的年轻科学家身上，又增添了一副白手起家创办中国科学技术大学计算技术专业的重担。

夏培肃具有数学、物理、电磁场理论和电子工程等方面的深厚功底，又深入钻研了计算机的工作原理并着手开展了设计电子计算机的实践。作为导师，她完全符合郭沫若校长要求科大学生一定要做到的基础课一定要越厚越好（即知识面越宽越好）、专业课一定要越尖越好（即专业知识一定要专而精）的"斧头理论"。夏培肃在讲解计算机原理时，能真正做到用很短的时间，几句话就把学生讲明白。因此，训练班的学员和科大学生都爱听她的课。

夏培肃为中国科学技术大学计算机专业的创建、师资培养、科研、教学等工作付出了很大心血。她在专业发展、学科规划、课程设置、教学计划、教材编写、实验室建设、107计算机研制等方面都亲自参与和具体指导。她在兼职期间还主讲《计算机原理》和指导高年级学生的课程实验、科研实习和毕业设计。在中国科学技术大学发展史上，夏培肃被公认为学校计算机学科专业的创始人和奠基人。①

在上世纪五六十年代，玉泉路和中关村都处在农村包围之中，两地十分荒凉，交通很不方便。当时，中国科学技术大学校址在玉泉路，夏培肃住在由爱人杨立铭教授分配到的北大中关园家属宿舍，她负责的计算技术研究所计算机训练班正在继续，两者都在中关村。玉泉路和中关村两地之间没有公交车，往返只能乘坐中国科学技术大学的班车，那是定时接送中关村兼职老师的。在这样的条件下，夏培肃开始白手创建中国科学技术大学计算机教研室，她每天有做不完的事情，不得不加班加点工作到深夜。有时，她只能在办公室支张床，晚上就住在学校里，周末才有时间回家与丈夫和孩子团聚。

---

① 郑世荣、邵祖英、安虹：创业初期的那些人和那些事，《中国科学技术大学的计算机学科的发展回顾》。中国科学技术大学计算机科学与技术学院，第3—17页。

夏培肃晚年在回忆自己担任中国科学技术大学计算机教研室主任的那些日日夜夜时说，她一想到系主任华罗庚的敬业精神、对计算机教学的关心，姜清海副主任的照顾全局、勤奋工作和对知识分子的关爱，教研室里一群青年人奋发工作，充满了"团结、紧张、严肃、活泼"的朝气和活力，尽管当时物质条件很差，工作十分繁忙，困难也很多，平时回不了家，她还是感到这是她人生经历中，最难忘、也是最美好的一段时光。

在计算机教研室初创期，教研室的卿致远发现除了夏培肃主任外，这个教研室的人，和其他系或教研室比较，特点突出[①]：第一，全是年轻人：年龄没有超过三十岁的，绝大多数人都是单身。钟津立老师算是老大，当时也只有二十八岁。第二，教研室人员的"四无"。无专门的行政人员，从主任、书记到资料室管理员、器材仓库管理员等都是兼职的。无讲师以上职称的，只有助教和实验员（1963 年，钟津立成为教研室的第一个讲师）。无硕士、博士学位的，也没有"海归"（焦桐礼是教研室的第一个"海归"，留学苏联，1962 年学成回国）。无学"计算机专业"毕业的人（当时除了"海归"，都是从学数学、力学、电机、机械、电子等专业改行或计算技术研究所计算机训练班毕业的）。

教研室工作的人员有三种身份：一是编制在科大的"计算机教研室人员"；二是来自计算技术研究所的兼职老师；三是多个高校来科大进修的人员。

从教研室的人员组成不难想象，作为新兴学科教研室主任夏培肃工作的繁忙和艰辛。

精选师资和课程

师资队伍

1959 年夏天，作为负责人，夏培肃在计算技术研究所已经成功地完

---

① 卿致远：计算机教研室工作的一些回忆。《中国科学技术大学的计算机学科的发展回顾》。中国科学技术大学计算机科学与技术学院，第 235—236 页。

成了三届计算机训练班的培训任务，培养出了几百名计算机方面的专业人才，她从其中选择了一些人来充实中国科学技术大学（以下简称科大）计算机教研室，这些训练班学员起到了传帮带作用。例如，在计算技术研究所工作的第一期训练班学员中，顾德敬担任了计算机教研室专业课教学秘书，过介堃讲授脉冲技术，董占球讲授电子管线路和电工原理，朱锡纯和陈长令讲授计算机原理。第二期学员贾耀国讲授电工原理和脉冲技术，王惠溥辅导晶体管脉冲技术。第三期学员张连仲讲授计算机线路，郑世荣、于树清、何承奎、牛建儒等人在科大继续从事107计算机科研工作。其中顾德敬、董占球、贾耀国等人曾常住科大工作，和科大教师同住集体宿舍、同吃集体食堂。在那"三年困难时期"的艰苦岁月，他们克服生活困难、坚守工作岗位，尽职尽责，努力工作。多年来，计算技术研究所兼职任教人员和科大教师，在科大教学楼平凡而神圣的讲台上，共同圆满完成了科大计算机专业前三届学生的教学培养任务。

在"全院办校，所系结合"原则的指引下，建校初期，科大聘请计算技术研究所知名专家兼职任教和来校讲课的教师还有吴几康、范新弼、蒋士䎃、沈亚城、唐裕亮、苏学智、陈大有、顾德敬、贾耀国、董占球、过介堃、支碧岑、王惠溥、侯连赏、朱锡纯、陈长令、邱佩瑜、张连仲等人。其中吴几康、范新弼、蒋士䎃是五十年代初刚从国外回来的老一辈计算机科学家，更多的是国内刚培养的第一代计算机科技人才，他们都为科大计算机教育事业的创建和发展做出了突出贡献。

课程建设

58级科大计算机专业的学生三年级就提前进入了计算机专业课学习阶段，他们的专业课是与夏培肃负责的第四届计算技术研究所计算机训练班一起上课的。因此，大部分的专业课与第四届计算机训练班相同。专业课包括：①计算机原理：由夏培肃、朱锡纯、陈长令讲授；②电工原理：由贾耀国讲授，严家耀辅导；③电子管线路：由董占球讲授；④脉冲技术：由过介堃讲授；⑤晶体管脉冲电路：由支碧岑讲授，王惠溥辅导；⑥无线

图 7-2　夏培肃主编的部分计算机原理讲义（1961 年。中国科学技术大学校史资料图片）

电测量：由侯连赏讲授；⑦程序设计：由邱佩瑜讲授；⑧俄语：由于桂芝讲授；⑨计算机线路由吴几康讲授。

训练班结束后，科大学生回计算机专业补上基础课和专业基础课。在专业课方面，又上了电磁场理论，由范新弼讲授；毫微秒脉冲技术，由侯连赏讲授。专业俄语由张伟讲授。

上述十二门课基本上构成了计算机专业的专业课，再加上毕业实习，一直传承了多年。

建校初期，中国科学技术大学的学制为五年制，计算机专业基础课要学习三年半。遵循郭沫若校长的指示，科大的基础课由学校基础课教研室负责，师资力量十分雄厚，涉及数理化等各个方面。这些厚实的基础课程，以及针对性很强、很专的专业课程，为科大计算机专业的学生毕业后参加工作打下了良好基础。

教材是课程建设的一个重要方面，计算机原理是计算机专业的核心课程之一，夏培肃在连续几届训练班讲课积累的基础上，主持编写了一套计算机原理讲义，一共五本。除《电子数字计算机原理》（上、中、下三册）外，还有两本补充讲义，一本是《通用电子计算机在逻辑结构方面的一些新发展》，它讲述国外在该领域的一些新思想、新技术和新进展。另一本是《107 电子数字计算机》，它用于"计算机原理"课上机调试实验和"程序设计"课上机实习。由于计算机是一门新兴的学科，许多专业名词都是英文和俄文的。夏培肃在编写教材的过程中，对这些外文的专业名词的定名花费了很多精力。例如，今天很普通的"存储器""磁心"等名词，都是她反复推敲后定下来的。这套教材是夏培肃智慧和汗水的结晶，在国内，应该说是计算机原理方面第一套系统完整、理论联系实际、通俗易懂的原创性自编教材。可惜的是，当时的印刷条件很差，教材是油印的，不易保存，流传至今的很少，原件被珍藏在科大的校史馆。同时，由于夏培肃当时科研和教学等工作十分繁忙，没能及时将这套原创性的自编教材公开出版。后来西安交大参照了这套教材，出版了国内第一本自编的计算机原理教材。

勤工俭学与人员调配

勤工俭学

在一九五八年"大跃进"年代，在超英赶美的口号下，全国掀起了大炼钢铁的群众运动。首都各个高校都推行全校停课，全力投入全民大炼钢铁运动。开始时，中国科学技术大学的学生也停了课，学校派卡车把学生分批送到石景山钢铁厂，实行三班倒工作制，让学生投入炼钢工作。由于学生们缺乏炼钢知识，体力也不行，炼钢的实际收效甚微。郭沫若校长和郁文党委书记发现问题后，立刻阻止了这种盲目行动，把学生都抽回学校，改用勤工俭学，来贯彻教学与生产劳动相结合的方针，于是，物理热工系搞小卫星、力学和力学工程系搞人工降雨……

计算机专业全体师生决定搞电子计算机，经过大家的共同努力，计算机工厂很快就筹建起来了。当时中国科学技术大学正与计算技术研究所合作，研制第一代电子管计算机107机，加工生产时需要先将真空电子管、晶体二极管、电阻、电容等分立元件，焊接装配成具有记忆功能的双稳态触发器插件、具有逻辑运算功能的门电路插件和具有信号整形及功率放大功能的驱动插件，再将这些插件按逻辑结构要求装配在机柜上。各个插件和机柜间的连线都是用大量导线由人工焊接实现，学生们通过工厂实践懂得了确保焊接工艺的质量是保证计算机能稳定可靠工作的重要因素之一，他们既了解了计算机的生产过程，又掌握了测试和焊接技能，对神秘的电子管计算机产生了感性认识。这些工作总体上提高了学生们的学习热情，取得了良好效果，为他们后来参加107计算机的科研工作，在理论知识和生产技术上都打下一定基础。在学校领导的巧妙安排下，中国科学技术大学用智慧顺利渡过了全民大炼钢铁的群众运动。

调配人员

从1959年下学期开始，教学和科研工作逐步走上正轨，计算技术研究所顾德敬到科大协助夏培肃调整教学计划、筹建教学实验室和安排高年级学生去计算技术研究所做科研实习和毕业设计。在夏培肃的统一安排下，科大集中教师力量到计算技术研究所参加合作研制107计算机。这样既培养了科大年青教师的实践经验，又为107机研制成功后，搬回科大运行奠定了坚实基础。到计算技术研究所参加合作研制的科大老师有：郑世荣参加运算控制器组工作，钟津立、杨学良先后参加存储器组工作，赵鼎文、王武良参加电源设备组工作，周行仁参加程序设计组工作。107计算机搬到科大后，郑世荣负责运算控制器，杨学良、周基桑先后负责存储器，于树清、邵仁荣先后负责输入输出设备，赵鼎文、王武良负责电源设备，周行仁、魏彩屏、吉凤岗负责程序设计。后期机房又分别增加了佟慧娟、陶志成、范芸、郭振刚、侯慕媛、卿致远等人。

所系结合　因材施教

创造科研实习条件

中国科学技术大学计算机专业充分利用了"全院办校、所系结合"的有利条件，并充分发挥了这个方针所赋予的优势。1961年58级学生搬至中关村84楼，到计算技术研究所上课，开始了专业课学习。所里各研究室主任（他们中不少是知名科学家）和骨干研究人员为学生们上专业课，他们在所里实验室做课程实验，从所里器材库领取元器件。科大学生的专业课就是在国内一流教师、一流实验条件的环境中完成的。

大学五年级下学期，进入毕业设计阶段，中国科学技术大学学生们被分配到计算技术研究所不同的研究室，直接参与课题研究，每个学生都有研究室的老师作为指导老师，一对一指导。所里工作人员都很勤奋，事业心很强，每晚所里实验室的灯光十二点左右才陆续熄灭，有的甚至彻夜通明。在他们敬业、严谨工作态度的影响下，学生们做实验也不乏连续三十几个小时的时候，没有休过星期日和节假日。虽然实习工作很紧张，空闲时间少，但学生们不觉得苦，也没感到什么压力，一门心思把问题解决好。这种自觉、勤奋的精神源自对专业的喜爱，对工作的责任心。对计算机这类新型学科的学生们来说，能在这样一流环境中，得到一流指导老师一对一的指导，所受到的教育和培养是当时北大、清华等一流大学所望尘莫及的。

亲自指导毕业设计

在58级计算机专业学生的毕业设计中，夏培肃还亲自指导韩承德做毕业论文，题目是"隧道二极管触发振荡电路"。韩承德在听到由夏主任亲自指导毕业设计的消息时，既兴奋，又紧张。兴奋的是能亲身得到名师的手把手指导，紧张的是对论文题目心中一点都没有底。夏培肃了解了学生的心情后，就耐心细致地向韩承德讲解了做这个论文的思路。隧道二极管是当时刚出现的一种具有负阻特性的半导体器件，在大学课程中没有学过。而且，要剖析隧道二极管触发振荡电路的原理，按夏老师的方法，要用到非线性振荡理论和求解非线性常微分方程。这一切，韩承德以前没有学过，甚至没有听说过。

看到夏老师充满期望的眼神和胸有成竹解决问题的把握，韩承德充满信心地开始了他的论文工作。在夏培肃的指导下，他测出了隧道二极管的特性曲线，选择了合适的电阻负载，完成了电路的实验工作。下一步，他用坐标纸描出了隧道二极管的特性曲线和相应的负载电阻，用图解法画出了隧道二极管的触发振荡过程。

为了锻炼学生，考虑到 107 机在玉泉路上机不方便，夏培肃就安排让韩承德在 104 计算机上机，用数值法求解非线性常微分方程，求解隧道二极管的触发振荡过程。当时 104 机的机时十分紧张，104 机用的是机器语言，输入用的是穿孔纸带，又经常跳动，为保证一次上机成功，韩承德花了不少精力，但也得到了很大的锻炼。

回顾毕业设计的过程，韩承德深深感到，是恩师夏培肃把他领进了计算机科研的大门，教会了他如何做科研，如何灵活运用已有的知识来探求新的解题思路。那时，夏培肃意外地丧失了第一个孩子，刚又怀上另一个孩子，行动很不方便。但是，她抑制着个人生活的不幸、痛失儿子的打击和行动的不便，仍坚持上班，耐心地处理日常工作和指导学生的毕业设计。六十年代，作为一名副教授（特别是计算机专业的副教授）亲自指导大学毕业论文，在国内名校中也是罕见的。韩承德没有辜负老师的期望，在夏培肃指导下，毕业设计顺利完成，基于毕业设计的论文"隧道二极管触发振荡电路"，被中国科大成立五周年的论文集收录了。后来韩承德又考上了夏培肃的研究生。

第八章
计算机预研

担 纲 预 研

上世纪五十年代，国内外计算机所用的电子器件几乎都是电子管，电子管计算机存在的问题随着时间的推移开始暴露出来。

第一是功耗大，除了计算机本身所产生的热量外，通风散热的功耗也很大。第二是速度慢。第三是电源种类多，以107计算机为例，它的灯丝电压为交流6.3V，栅极负电压为−100V，板极正电压随电子管的型号不同而不同。107计算机用的直流电压有−100V、+50V、+130V、+220V、+270V。第四是体积大，一台小型计算机就有好几个机柜。第五是电子管的寿命短，使计算机难于维护。当时研制计算机的国家都在寻求和研究新的器件，锗晶体管虽然于1947年已发明出来，但尚未成熟，工作起来很不稳定，能否在计算机内用来代替电子管，还是一个问题。因此，在外国期刊上可以看到研究各种可能的计算机器件的文章。

中国科学院计算技术研究所的领导当然也关心这个问题，1958年成立了由蒋士骕负责的研究室，研制命名为 109 乙机的晶体管计算机，该机的晶体管由中国科学院专门成立的 109 厂提供。但因器件运行不稳定，109 乙机研制的进展很慢，一直到 1965 年才研制成功。为此计算技术研究所领导打算开展新型器件的研究，并于 1962 年成立了一个预研组。

1962 年第四届计算机训练班结束后，因高等学校已陆续有计算机专业的毕业生，计算技术研究所就不再办训练班了。阎沛霖所长认为夏培肃适合做开创性的工作，就让她负责预研组，开展计算机新型器件的预先研究。训练班教研组的专职教员分配到不同的研究室，给预研组分配的新毕业大学生大都不是学计算机的，而是学物理、无线电或通信专业，这些学生都是相当优秀的。

预研是试探性的研究，不一定会有结果，也可能得到的结果不是所需要的，当然，也可能得到有价值的结果。

研制微波计算机元件

1960 年前后，美国人 Sterzr 提出用微波分谐波技术来获得二分频（F/2，即主振荡频率的一半）用振荡频率和二分频实现微波计算机元件的"0"和"1"的表达方式。微波频率可以达到千兆赫，比当时电子管计算机的时钟频率高了近百万倍。1962 年，夏培肃安排徐才杰、戴惠芬等人做微波分谐波振荡器的实验，据报道日本曾做成过一台这样的计算机。徐才杰等人经过不懈地努力，终于做出了一个具有双稳态的微波元件。他们用三千兆赫的微波发生器 F 作信号源（泵频），通过分谐波振荡器，在不同的偏压下，可分别观察到一千五百兆赫和三千兆赫的输出。由于当时的示波器无法测试这么高速的信号，他们用驻波测试仪测出了上述信号波形。

双稳态微波元件取得一定进展后，夏培肃与课题组成员发现用微波元件做计算机有四大困难：第一是元器件体积大，每个器件必须输入一个泵频。第二是构成逻辑电路不方便，对如何实现基本逻辑与、或、非尚属未知,器件间如何耦合,也属未知。第三是微波传输困难,元器件之间连线同样庞大得难以忍受,当时集成电路与印刷电路板已趋于成熟,相比之下,两者的尺寸差在千倍以上。第四是微波振荡的分谐波过程太长。夏培肃曾经深入研究过非线性电路,微波振荡属于非线性振荡中的焦点(focal point)振荡,这决定了微波双稳态元器件从 F 频率到 F/2 频率之间的翻转时间加长,从而削弱了它的快速优点。夏培肃向阎沛霖所长汇报了微波元件的进展情况,说明了双稳态微波元件及用它们组成计算机的主要问题,并认为微波计算机在当时是无法实现的。这样,微波计算机的预研课题在 1965 年上半年正式结束。

研制隧道二极管计算机

在研制双稳态微波器件的同时,夏培肃注意到日本学者江崎(L. Esaki)于 1958 年发明的隧道二极管有可能在计算机中代替电子管,国外也有不少人在进行这方面的工作,就请冯炳根等人做了大量的调研。

"隧道二极管"是 1958 年日本人江崎发现的,这种二极管又称为"江崎二极管"。在江崎的部分博士论文工作中,他研究了应用于高速双极晶体管的锗重掺杂 p-n 结,其中需要窄的和重掺杂的基区。在 1973 年,因为江崎在隧道二极管方面的开创性工作,他获得了物理学诺贝尔奖。

隧道二极管的主要特点是它的正向电流—电压特性具有负阻。这种负阻是基于电子的量子力学隧道效应,所以隧道二极管开关速度达皮秒量级。隧道二极管还具有小功耗和低噪声等特点。隧道二极管可用于微波混频、检波(这时应适当减轻掺杂,制成反向二极管)、低噪声放大、振荡等。由于功耗小,隧道二极管适用于卫星微波设备,还可用于超高速开关逻辑电路、触发器和存储电路等。

总之,隧道二极管不但有两个稳定的状态,而且体积小,电路简单,最引人注目的是它的高速性,它的开关时间可以达到一毫微秒,而当时晶体管的开关时间在微秒级。对一心想做高速计算机的夏培肃来说，这无疑是具有吸引力的，于是，她开始了隧道二极管的预研。

要进行隧道二极管的预研，首先要有隧道二极管。负责业务工作的王正副所长联系了南京一个半导体所，要求他们给计算技术研究所提供隧道二极管。夏培肃亲自去南京和他们协商，解决了隧道二极管的来源问题。

隧道二极管的特性曲线接近于 N 形，在两个正阻区中间有一个很大的负阻区。要弄清楚隧道二极管电路的工作原理，需要用到非线性电路理论、非线性振荡理论等。对夏培肃来说，这些都是她所熟悉的。

为了让预研组的人员了解隧道二极管电路的工作原理，夏培肃于 1962 年 10 月专门为他们开设了一门课程"隧道二极管电路原理及变参数振荡原理"，除预研组的人员听课外，还有中国科学院物理研究所的副研究员吴锡九等人和清华大学计算机系的学生旁听。

预研组的成员先后完成了由隧道二极管组成的三个小部件。

李树贻研制成功了八位隧道二极管存储器，那是一个很好的存储器方案。李树贻是计算技术研究所筹委会于 1956 年派往苏联莫斯科动力学院计算机专业学习的高中生，1962 年学成回国。当时美国 IBM 公司用隧道二极管做成了存储器，安装在当时很有名的、已投入运行的 STRETCH 大型计算机[①]中。

严开明研制成功加法器的八位隧道二极管进位链。

杨明恩等研制成功八位隧道二极管寄存器。

隧道二极管的上述三项研究成果被汇总在"隧道二极管在快速计算机线路中的应用"一文中，1965 年在哈尔滨举行的全国第四届计算机学术会议上发表。

夏培肃在指导韩承德毕业论文时，两人合作的文章"隧道二极管触发振荡电路"于 1963 年 9 月在《电子计算机动态》上发表。

隧道二极管的主要优点是，具有负微分电阻（负阻），能高速工作，因为它是一种多数载流子器件，不受少数载流子存储影响。量子力学隧穿，

[①] 也称为 IBM 7030，是 IBM 于 1961 年开发的第一种基于晶体管技术的超级计算机，首台机器安装在美国 Los Alamos 国家实验室。

是它不受漂移传输时间限制的固有高速工作机理。隧道二极管的缺点是：①由于隧穿电流小，振荡器的输出功率低，负载能力差；②因为它是两端器件，没有输入和输出隔离；③器件的重复性差，不便于集成电路的大批量生产。

在开始研究隧道二极管电路时，夏培肃就注意到这种电路的负载能力差，带不动很多负载，而在计算机中，有时负载是很重的。鉴于隧道二极管的上述缺点，她认为晶体管可能还将是计算机的主流器件，因此她学习了《半导体物理》和《晶体管电路》的教科书，还阅读了不少晶体管发展动向的报道和文章。在隧道二极管的三个小部件完成后，夏培肃给预研组的成员讲授晶体管原理课程。那时，晶体管技术发展的速度很快，硅晶体管也制造出来了，开关速度大大提高，工艺也逐步趋于成熟。于是，她向研究所领导建议研制硅晶体管计算机。

1965年秋天，预研组全体成员去河南罗山县农村参加"四清"。夏培肃于1966年春节前返回研究所。1966年3月计算技术研究所和北京沙河半导体研究所合作，准备研制一台硅半导体计算机，代号为369计算机，也称109丁机，夏培肃被派往沙河协作，她在那里工作了一段时间。后来"文化大革命"开始了，研制369计算机的计划未能进行下去。

第九章
身处逆境　情系科研

四 清 运 动

四清运动是中央下达的社会主义教育运动，在农村的四清是清账目、清仓库、清工分和清财物。

从 1964 年开始，中国科学院计算技术研究所分期分批地组织员工参加河南信阳地区的四清工作队，一般为期一年，个别人员因工作需要只参加半年。夏培肃去的是河南省信阳专区罗山县前张家湾。在大批四清工作队队员去农村以前，计算技术研究所工作队带队的张玉生同志先到各个生产队考察了一下，当时，前张家湾的打谷场上堆满了稻草，张玉生以为这个生产队收成一定不错。夏培肃因为年龄相对较大，又是生长在大城市的女同志，为了照顾她，张玉生就派她去了前张家湾生产队。后来才知道，前张家湾本来就是一个穷队，那年又刚好歉收，没有收到多少稻子，稻草倒长得不错。因此，夏培肃去的那个生产队实际上生活更艰苦。

前张家湾生产队有二十来户人家，这个生产队实在太穷了，生产队的干部也很穷。村里没有仓库，没有像样的农具，夏培肃查了生产队的账目，收入很少，查不出有什么不合理的开支。关于工分，群众也没有什么意见。

四清工作队有严格的规定，去农村要依靠贫下中农，要和农民同吃、同住、同劳动；另外，不能私下给农民任何财物。

夏培肃刚去农村时，看见农民都光着脚在地里劳动，因为四清工作队有规定要和农民同劳动，因此她就脱了鞋袜，把裤脚卷到膝盖下面，到地里去和农民一起劳动。

和夏培肃在同一个生产队的四清工作队队员也是一位女同志，她们住在一个只有几间破旧草房的贫农家里。这家贫农有一位老妈妈，中华人民共和国成立前乞讨为生，她有三个儿子，没有钱娶媳妇。有一年，有外地逃荒的人到了这里，老妈妈的二儿子就和其中的一个女人成了婚，后来生了一儿一女。老妈妈的大儿子四十多岁了还未婚，整天咳嗽，不能劳动，他住在草房外面一个只能放下一张床的草棚子里。小儿子三十来岁，也没有结婚。当时的农村是人民公社，每天按劳动的质量和时间记工分，每个工分两分钱，最强的劳动力一天可记十工分，妇女一般只记五工分左右。这家贫农七口人，三个劳动力，辛辛苦苦劳动一天，才记二十多工分，大约值五角钱。

有一次，货郎担下乡，老妈妈想买一根补衣服的针，这根针卖一分钱，可她连一分钱也没有，夏培肃在一旁实在看不下去，就违反四清工作队的规定，花一分钱为老妈妈买了根针。

四清工作队员在农村是吃派饭，在一家吃一天饭交四角钱。夏培肃她们为了了解生产队各家的情况，都分别到每一家去吃过饭。农民们都欢迎她们去吃饭，因为管一人吃一天饭就可收入四角钱，相当于二十个工分。她们去农民家吃饭时，农民都把最好的东西拿出来招待她们，她们很少吃到米饭，夏培肃吃过的最好的菜就是盐水泡的蒜头。为了使家庭困难的人家增加一点收入，夏培肃经常去他们家吃饭。每天早上蒸一大锅白薯，夏培肃午饭和晚饭就吃早上剩下来的冷白薯，这样，一日三餐都吃蒸白薯。

农村的卫生条件极差，用的水要到比较远的地方去挑。夏培肃她们每人每天只用一小盆水，早上用来洗脸，洗完脸后，水不倒掉，晚上再用来洗脚。夏培肃在农村住了半年，没有洗过一次澡。

农村没有任何医疗条件，有一家人生了一个孩子，没有几天就得四六风死了。还有一个四岁的小姑娘发高烧，她的母亲就到村外去喊魂，夏培肃知道后，给了她一粒土霉素，小姑娘的病就好了。

通过"同吃、同住、同劳动"，夏培肃与农民们相处得很好，农民们把她当成自己的亲人，她也受到四清工作队领导的表扬。

夏培肃在农村的半年，亲身体验了农民的淳朴、他们生活的艰苦，以及农村的落后面貌，这使她的心灵受到极大的震撼。中国的人口八成以上都在农村，他们为全国人民提供粮食，他们生产的农产品出口，为国家换取外汇，而他们自己却是如此穷困！参加完四清工作后，夏培肃下决心要将自己更好地奉献给国家，更好地为人民服务，于是她向组织递交了入党申请书。

五 七 干 校

1970年，北京大学的军管组安排杨立铭去五七干校，夏培肃和大儿子杨跃年也同去，小儿子杨跃民留在北京上全托。当时的口号是："在农村扎根一辈子。"

北京大学的五七干校在江西鲤鱼洲，是在鄱阳湖边围湖造田而开出的一片虽然肥沃但有血吸虫的荒地。北京大学去了很多人，按部队的班、排、连编制，每个连队主要由一两个系的教师、干部和他们的家属组成，连长、排长和班长都是北京大学的人。所有的人，不管老弱病残都要参加力所能及的劳动。例如，七八十岁的老教授就安排他整天剥蒜瓣，供全连食用；肝炎病人就安排他养鸡；双脚残疾不能正常走路的人就安排他整天坐在小凳子上给全连队的人补鞋。每个连队都有一个军代表，他只坐在办公室里监管全连，不参加劳动。

去五七干校的人在荒地上垦荒，他们很能干，盖起了所需要的草房，开垦了耕地，安装了自来水管，自己发电、种水稻、种蔬菜、养牛、养猪、养鸡等。还办起了小学，使家属中的学龄儿童可以上学。带家属的人可以分到一间草房，算是有了家，单身的人都住集体宿舍。

夏培肃去的连队是由物理系和无线电系组成的连队，全连队大约有一百多人。她前后参加了三项劳动。

第一项是水稻的种植。她参与了稻种的发芽、育苗、插秧、挠秧、收割等水稻种植的全过程。在育苗前，要先准备好非常肥沃的田土，这肥沃的田土是如何准备的呢？就是将大粪倒在烂泥里，然后夏培肃他们就赤脚到田里，用脚将大粪和烂泥踩匀。夏培肃他们在田里劳动，中午不回去吃饭，有人把中午饭挑到田边，在田里的水中洗洗手，就拿着馒头吃。喝水时，在田边有一桶烧开过的水，水里有一把舀水的瓢，所有的人都用同一把瓢喝水。在种植稻子过程中，夏培肃感到最苦的是挠秧，那是在田里用双手的手指尖去将稻苗嫩根附近的土挖松，因为手指尖是软的，不会使稻苗的嫩根受到损伤，土挠松以后，稻苗的根才能很好地生长。农民捞挠不成问题，因为他们的手指上早就有老茧了，而夏培肃挠秧把手指尖都磨破了。鲤鱼洲的地势低洼，夏天很热，土地肥沃，适合种双季稻。在夏天最热的时候，抢种抢收，当时气温高达四十度，夏培肃在地里劳动，几乎晕倒。这时她才从内心体会到："谁知盘中餐，粒粒皆辛苦。"

夏培肃参加的第二项劳动是在冬季养牛。她一人饲养了7头牛，冬天养牛不需要放牧、割草，只在牛圈里喂干草就行了。夏培肃每天把牛圈打扫得干干净净，让牛舒舒服服地过冬。当然，在养牛的空闲时间里，还要干一些杂活，如挑土、背砖等。

夏培肃参加的第三项劳动是在厨房里当小工，淘米、洗菜、切菜等。厨房要供给全连一百多人的吃喝，工作量非常大，夏培肃每天天未亮时，就要赶到厨房，准备早饭。厨房里有干不完的活，没有休息的时间。厨房里满地都是水，水深到脚背，所以只能赤脚在厨房里干活。

夏培肃他们白天劳动，晚上开会、搞运动，听传达文件或写批判大字报等。劳动的人白天累了一天，晚上精力不济，又困又累，而那些军代表却是精神抖擞。

军代表还安排五七干校的人进行了一次拉练，每人自带干粮和饮用水，一天快步行军一百三十里。夏培肃还能勉强支持，有的人就被拖垮了。

五七干校缺医少药，有的小孩有病，没有药治疗，死在了鲤鱼洲，还有的人得了血吸虫病。夏培肃因为长时间赤脚泡在凉水里，得了风湿病；她的儿子杨跃年因发高烧，没有药治疗，回北京后转为慢性病，在家休学了一年。

图 9-1　夏培肃夫妇和大儿子在五七干校（1971 年）

1971 年"九一三"事件后，五七干校全体成员返回北京。

夏培肃对"文化大革命"的态度是豁达的，她认为自己受的那点冲击算不了什么。但使她最痛心的是她二十多年来积累的全部计算机资料，上面记载着她的全部心血，包括她的十几本很厚的保密本，在档案室保存的全部内部研究报告、设计资料和图纸等，都被造反派烧光了，造反派认为她不配在计算技术研究所工作。

逆 境 成 果

1966 年，"文化大革命"开始，北京大学贴了很多大字报，后来中国科学院在中关村球场上针对科学院领导张劲夫等也铺天盖地地贴了很多大字报，夏培肃他们天天去看大字报，感到形势越来越紧张。接着，计算技术研究所也动起来了，研究所领导都成了走资派，所内贴了很多大字报。1967 年 5 月，军管组进驻计算技术研究所，阎沛霖等领导受到批斗，夏培肃等人当时虽然尚未被批斗，但是已经靠边站了。

在"文化大革命"中,计算技术研究所的科研工作一直没有停止过。尽管身处逆境,丝毫没有削弱夏培肃对科研工作的努力,在这期间,她完成了三件主要的科研工作。

717计算机的插件测试设备

当时计算技术研究所正在为我国第一颗人造地球卫星"东方红一号"研制两台717计算机。它们是卫星的地面测控计算机,主要用来控制数传、天文望远镜、多普勒仪等十来台测控设备,测算卫星运行轨道,并发出遥控指令等。周恩来总理指示:此项工程必须做到"万无一失",因此,对717计算机的可靠性和稳定性要求极高。因为,当卫星正常运转后,每天会有几次进入测控计算机视野的范围内,需要立即执行任务,不允许有任何差错。当时,计算技术研究所在军管小组的领导下,"抓革命、促生产"搞得热火朝天,夏培肃被安排为717计算机研制一个设备,用来检查并定位计算机插件上的虚焊和元器件是否正常工作,以保证插件稳定可靠。夏培肃仔细了解了717计算机的各种插件上的电路,巧妙地设计了一个插件测试设备。这个设备包含一个可以强烈震动的震动台、一个小机架和一台示波器。每一种正确的插件处于工作状态时,在示波器上可以观察到一个独特的、比较复杂的波形。测试插件时,将处于工作状态的插件放在震动台上,使之持续震动,如果所产生的波形和标准波形一致,则该插件没有故障;如果和标准波形不一致,则从不一致处可以直接看出插件上的故障所在之处。

夏培肃一个人设计了测试设备的全部图纸,由计算技术研究所的工厂加工。由于夏培肃的精心设计,测试设备完全达到了任务的要求。一台717计算机的插件一个人两天就全部测试完了,大大加快了717计算机的调试进度。由于任务紧,第一台717计算机未调试成功就直接运到基地继续调试。经过长途跋涉,调试时,发现机器不稳定,没有办法,就把夏培肃研制的插件测试设备运到了现场,对插件进行全面测试后,发现插件中用的一种晶体二极管质量有问题。于是,重新换了一批二极管,机器就稳定了。两台 717 计算机中的一台安装在中国的最西部基地，另一台安装在南方测控中心。在 1970 年 4 月 24 日执行第一颗人造卫星"东方红一号"发射任务时，以及发射后的长期测控中，两台 717 机都做到了"万无一失"，作为幕后英雄的夏培肃，为 717 计算机的"万无一失"，做出了可贵的贡献。

插件测试设备完成后，夏培肃准备写一份技术报告，说明设备的工作原理，但造反派不同意她写，于是，她偷偷地写了一份几十页长的报告，还包括全部图纸，交到档案室去。后来她的全部科研档案都被造反派烧掉了，该插件测试设备的技术资料也就失传了。

当夏培肃专心致志地研制插件测试设备时，"文化大革命"仍然轰轰烈烈地进行着。当时计算技术研究所的人员分成三部分。一部分是要"打倒张劲夫""打倒阎沛霖"的所谓"造反派"。另一部分是主张保护张劲夫、保护阎沛霖的所谓"保皇派"，他们组成了"东方红兵团"，头头是原来夏培肃预研组的李树贻。夏培肃当时所在的系统结构研究室的大部分人都参加了"东方红兵团"。第三部分是介于这两派之间的逍遥派，他们对夏培肃没有恶意。

这时，各个研究室开始批斗反动学术权威。夏培肃所在研究室的人员对她批斗不起来，后来从别的研究室来了一批造反派，成立了夏培肃专案组，贴了关于她的很多大字报，给她戴了多顶帽子。当时，对被认为有问题的人，要多次抄家和组织批斗，最后再关到牛棚里去，夏培肃也不例外。计算技术研究所被关到牛棚里去的有研究所领导、全所的高级研究人员和"现行反革命分子"。牛棚设在计算技术研究所北楼一层楼的整个西部。夏培肃的专案组成员基本上都是造反派的，他们对她百般折磨，幸亏有个别人在力所能及的情况下，暗中偷偷保护了她，使她死里逃生，可以说是不幸中之大幸。

造反派把夏培肃在牛棚里关了半年，没有查出任何问题，就又把她从牛棚里放出来，让她打扫厕所，给办公楼的楼道拖地，到研究所工厂的印制板车间打杂，到研究室给其他科研人员当下手。

夏培肃的爱人杨立铭教授在北京大学没有受到什么冲击，杨立铭当时不到五十岁,是北京大学的年轻教授,轮不上他挨批斗,而且他又没有什么历史问题,只是红卫兵到家里破过一次四旧。

大型高速计算机中的信号传输

"文化大革命"中,在军管小组的领导下,计算技术研究所计划研制一台每秒运算两千万次的大型计算机,命名为1025计算机,它的时钟频率比过去计算技术研究所研制的计算机要高很多。为了摸清高速计算机的技术问题,所里先做了一台模型机。模型机加工出来后,开始给插件板加电,结果发现信号全没有了①。夏培肃知道后,认为这是因为多层印制板的地线层全部镀铜,而信号线层和地线层之间的绝缘层很薄,所形成的电容很大,因而信号没有了②。基于坚实的电路基础和对线性电路、非线性电路和传输线的知识积累,又参考了一些资料,夏培肃对高速计算机中的信号传输问题(包括传输速度、反射、串扰、负载分布等)和组装技术的各个环节进行了深入的研究。

当时,夏培肃已靠边站,对科研工作没有发言权,但她提出可以给大家讲一讲信号传输问题。1025计算机插件的负责人唐裕亮冒着风险,安排她给1025计算机的全体科研人员做了一次报告。夏培肃在报告中讲到,计算机内的信号若要无畸变传输,需要全机信号传输系统的特性阻抗匹配。大家以前对这个没有概念,觉得很新鲜,于是又让夏培肃做了一系列报告,包括最坏噪音设计、传输反射、传输速度、负载分布、线间串扰、电源噪音等问题,以及传输线、印制板、接插件、负载等应该如何设计和安排等。另外,还让夏培肃介绍了时域反射测试仪,从电路始端的电压波形可以看出传输系统的特性阻抗变化的全貌等。

通过自己独立的研究工作,夏培肃归纳出了高速计算机中信号传输的四项设计原则:①全机信号传输系统特性阻抗匹配;②多层印制板采用分

---

① 这里指的是在示波器上观察不到信号的波形。
② 电容有滤波的作用。计算机里传输的数字信号实际上是一种电压高低起伏的波,遇到大电容,就被过滤了。

布式地网；③传输线不分支；④传输线上的负载要均匀分布，而且负载之间要有适当距离。这样，信号传输时，波形的畸变就可控制在容许范围之内。

她的这些设计原则，陆续被所内外的一些大型高速计算机所采用。"文化大革命"以后，夏培肃设计的计算机全都遵循了这个设计原则，因此不仅调机时间短，而且工作很稳定。这说明：研制高速计算机没有深厚的电路基础是不行的。

由于夏培肃解决了所里的技术难题，军管组免除她打扫厕所等杂活，还允许她参加一些科研工作。

最大时间差流水线

1025计算机采用了国外新发展出的流水线设计技术。流水线由寄存器和由组合逻辑电路组成的逻辑链组成，时钟脉冲送到寄存器后，寄存器中的数据就经过逻辑链送到下一个寄存器。数据链的长短不同，它们的延迟也不一样，寄存器的主要作用是使长短不同的数据链在一个时钟周期内取齐。时钟周期的长短决定于最长逻辑链所需的时间和寄存器的延迟时间，所以，它们的延迟时间越短，时间周期就越短，时钟的频率就越高。

夏培肃在校对1025计算机的逻辑设计图纸时，发现流水线中的寄存器都由触发器组成，而触发器的延迟时间比较长，国外高速计算机中流水线的寄存器都不采用触发器，而是采用门闩电路（latch，也称为锁存器），于是夏培肃建议将触发器改为门闩电路。与触发器相比，门闩电路的优点是电路比较简单，延迟时间短，而且输入的数据不必像触发器那样必须比触发时钟提前，从而可进一步缩短延迟时间。但设计时必须注意，流水线每段内的逻辑链长度的时间不能小于时钟脉冲宽度的时间，否则会出错，因此需要更周密细致的设计。夏培肃意识到门闩电路对高速流水线计算机的重要意义，向当时负责计算机研制的有关人员建议采用这种新技术来提高流水线的工作速度。但当时夏培肃是靠边站的，这个建议未被采纳。

夏培肃进一步的思路是能否不用寄存器。如果不用寄存器，就省了很多器件，也减少了寄存器的延迟时间。夏培肃想：如果使所有逻辑链的长度都相等，这样就可以不用寄存器了。具体做法是：最长的那个逻辑链可以不用管它，比它短的那些逻辑链，可以想办法给它把延迟时间拉长一点，例如将导线加长（信号在导线上传输的延迟时间跟导线长度成正比）、插入偶数个反相器（偶数个反相器只改变电路的延迟时间，而不改变电路的逻辑功能），等等。在夏培肃设想的这种新型流水线结构中，流水线工作频率是由最长逻辑链与最短逻辑链的延迟时间差决定的，如果能够把最长逻辑链与最短逻辑链的延迟时间差变得足够小，就可以大大提高时钟的频率。

　　鉴于最长逻辑链与最短逻辑链之间的延迟时间差是决定流水线性能的重要参数，夏培肃把这种设计方法命名为"最大时间差流水线"。在当时的环境下，她没有办法实现，只好将它的原理和实现方法写成一个报告，交到资料室。后来，这个报告和她的许多其他报告一起都被造反派烧掉了。

第十章
150-AP 数组处理机

1979年应石油部物探局的要求,夏培肃团队研制成了150-AP数组处理机,150-AP的系统运算速度为150计算机单独运行的三到十倍以上,很好地满足了石油勘探应用对高速计算机的迫切需求。

瞄准行业应用

夏培肃自从事计算机工作以来,一直广泛阅读有关计算机的文献和报道,这已成为她日常工作的一个重要组成部分,她对国际计算机的发展情况了如指掌,她考虑得最多的是如何提高中国计算机的运算速度。

1964年,美国控制数据公司(CDC公司)[①]推出了世界上第一台高性能计算机CDC6600,每秒三百万次浮点运算,运算速度全世界领先。1969年,该公司研制成功每秒运算一千万次的CDC7600。1976年,美国克雷

[①] CDC 是 Control Data Corporation 的缩写,是美国著名的大型计算机公司,上世纪九十年代后逐步退出计算机硬件制造领域,成为了一个以软件和系统集成为主的企业。

公司（CRAY公司）[1]推出了比CDC7600快十多倍的超级计算机CRAY 1，但这些所谓超级计算机的价格都很昂贵。为了以较低的成本获得适度的高性能，1976年，美国浮点系统公司（FPS公司）[2]开发出了数组处理机[3]（Array Processor），简称AP。将它加接到一台通用计算机上，可使系统的运算速度比原来的通用计算机提高几倍[4]。而AP的价格只有通用计算机的几分之一至几十分之一。AP本身的运算速度可在每秒千万次以上，可用于数字信号处理（特别是石油勘探中的地震资料处理、图像处理等）、数值模拟（例如飞行模拟）、工程设计和科学计算等方面。FPS公司推出的AP-120B在短短几年内销量达数千台，它的最高性能是每秒一千二百万次浮点运算，与当时流行的美国数字设备公司（DEC公司）[5]生产的小型计算机PDP-11配套使用，可大大提高小型计算机在数值计算方面的性能。但是在当时，AP-120B对我国是禁运的。

1973年，我国研制成功每秒运算一百万次的150计算机（即DJS 11机）[6]，安装在位于河北省涿县的石油工业部地球物理勘探局研究院，它为我国石油勘探做出了很大贡献。但是，随着物探技术的发展，150计算机的处理速度逐渐跟不上地震资料处理的需要。

1980年以前，石油部进口了美国CDC公司的Cyber 172计算机，与之配套的AP是由晶体管分立元件制成的MAP II，技术落后，只支持定点运算，只有少量的向量宏指令，功能很弱。在1980年前后，国内某些部

---

[1] CRAY公司是著名的超级计算机公司，其创始人Seymour Cray早年是CDC公司的设计师。

[2] FPS是Floating Point System的缩写。FPS公司成立于1970年，主要产品就是数组处理机，1991年被CRAY公司收购。

[3] 数组处理机简称AP，石油工业部地球物理勘探局研究院称AP为数列处理机，国内也有人称AP为阵列处理机，这是因为AP最擅长处理以数组或向量形式定义的结构化数据。另外，AP也是附属处理机(Attached Processor)或加速处理机(Accelerating Processor)的简称，这是基于其与主处理机的关系而定名的。

[4] 这种把一个特殊装置连接到通用计算机上，以提高其运算速度的做法，现在也很常见。现在把这类装置统称为加速器(accelerator)。通用图形处理器(GPGPU)就是一种典型的加速器，它在科学与工程计算领域的加速效果，跟当年的AP很类似。

[5] DEC是Digital Equipment Corporation的缩写。DEC是美国著名的计算机公司，其小型计算机产品最有特色。DEC在1998年被康柏(Compaq)公司收购，后者又在2002年与HP公司合并。

[6] 150机是由北京大学、原四机部七三八厂等单位联合研制的，曾获"全国科学大会奖"。

门也研制了几种AP，但规模较小，也是定点的，用途较窄。

上世纪七十年代末期，夏培肃听说石油部进口了Cyber 172计算机，安装在涿县石油部物探局，于是前往涿县物探局参观那台计算机，非常认真地对它进行了分析和研究，同时也了解到地下岩层中的石油是如何通过人工地震来被勘探出来的。她认为计算技术研究所可以为石油勘探中的地震资料处理做一些工作。

正好物探局负责计算机技术的陈建新同志希望计算技术研究所为150计算机研制一台高速的浮点AP，以提高地震资料处理的速度，当时，物探局称AP为数列处理机，国内也有人称AP为阵列处理机。

经过反复协商，1979年5月29日，石油工业部地球物理勘探局研究院与中国科学院计算技术研究所签署了为150计算机研制一台AP的协议书，目标是使150计算机加上AP后，处理地震资料的效率提高三倍或更多。

根据夏培肃亲自撰写的"150数列处理机"科技档案归档说明书，150-AP项目于1979年6月正式开始工作，同年10月确定了总体方案。1979年10月至1980年9月完成了总体结构设计、逻辑设计及模型机。1980年4月到12月完成工程设计及生产加工，1980年12月至1981年11月进行分调、联调和软件调试，1981年12月开始试运行，1982年7月正式鉴定。

150-AP是中国科学院计算技术研究所与石油部物探局合作研制成功的。其项目负责人在中国科学院方面是夏培肃，在石油部方面是陈建新。物探局还派了几个人到计算技术研究所学习计算机的逻辑设计。150-AP的指令系统由物探局首先提出，然后和计算技术研究所反复讨论、修改后确定，150-AP的总体结构设计、逻辑设计、模型机、工程设计、可靠性设计、生产加工、调试等由计算技术研究所负责完成。150-AP和150计算机的接口主要由物探局完成。150-AP的系统软件和应用软件由物探局负责完成。150-AP完成后，在物探局进行了试算，试算时对多个地区的石油物探的地震资料处理的精度与质量和进口的计算机相比，毫不逊色。

150-AP 的最高运算速度为每秒一千四百万次，与 150 计算机连接后，系统运算速度为 150 计算机单独运行的三到十倍以上。

先进设计理念

150-AP 不是主机的附属处理机

150-AP 的设计思想和国外的 AP 有很大不同。国外 AP-120B 一类的处理机，是主机的附属处理机，只能通过外部通道，在主机控制下工作，因而不管 AP 的运算速度如何快，主机加上 AP 的系统速度一般只是主机的三四倍。150-AP 不是主机的附属处理机，而是主机的中央处理机的一部分，也可以说该系统有两个中央处理机，一个是主机的中央处理机，另一个是 AP。150-AP 通过专门设计的快速输入输出通道与 150 主机的中央处理机相连。150-AP 有自己的指令部件，其结构比一般的通用计算机略微复杂一些。运算器包括流水线加法器和流水线乘法器，它们可以同时工作，可以在一个时钟周期内完成一个乘加运算。150-AP 有两个 MOS 存储器，每个存储器有三（三为素数[①]）个模块，每个时钟周期可向运算器提供两个数。

150-AP 的主要任务是高速地执行数组运算，为此设置了二十九条专用于高速数组运算的向量指令。同时，还为 150-AP 设置了二十八条标量运算指令和控制指令，这样它就具有一般通用中央处理器的结构和功能，可以在自己的管理程序的控制下，独立于主机，自主完成某些作业。150 计算机、150-AP 和它们之间的快速通道可以并行工作；另外，150-AP 的高速计算不受 150 计算机输入输出设备的影响，因而使系统效率大大提高。可以说，在上世纪七十年代末期设计的 150-AP 就已经具有当前正在广泛使用的类似于通用图形处理器 GPGPU 那样的高性能计算加速器的雏形了。

---

① 研究表明，当同时工作的存储模块的数量为素数时，可有效减少对存储模块的访问冲突，提高存储器子系统的实际性能。但与常规的存储模块的数量为二的幂次的存储器相比，存储模块数量为素数时，存储器的设计会复杂很多。

150-AP 的运算速度快

当时，国际上的半导体工业正处于从中小规模集成电路向大规模集成电路发展的阶段。但国内的半导体工艺相对比较落后，生产出的小规模集成电路在可靠性和性能方面都存在诸多不足，而国外先进的高速集成电路器件又对我国是禁运的。150-AP 采用的器件是进口的 TTL（晶体管—晶体管逻辑）74 系列，它是中小规模集成电路，开关速度比较慢，使用这种电路，很难做出高性能计算机，因而美国对我国不禁运。为了使 150-AP 的运算速度快，夏培肃提出了总体功能设计、逻辑设计和工程设计一体化的设计思想，使 150-AP 的最高运算速度达到每秒一千四百万次。

150-AP 的功耗低

150-AP 共使用了四千片中小规模集成电路，功耗六百瓦，机器的散热只要一般的通风即可。这是因为夏培肃设计的信号传输系统的特性阻抗为一百欧，而国外高速计算机的特性阻抗一般为五十欧，这使系统的功耗大大增加[1]。

150-AP 的可靠性好

为了确保 150-AP 的稳定可靠，除了对元器件和加工质量进行常规的筛选和检查外，夏培肃还要求逻辑设

图 10-1　150-AP 计算机（1982 年）

---

[1] 根据欧姆定律，电压不变时，电路的功耗跟电阻成反比。

计人员按照她提出的信号传输规则设计图纸，并仔细检查了所有逻辑设计框图的图纸，还将有可能出现波形畸变之处单独分割出来亲自做实验，以观察其波形的畸变是否在允许范围之内，如果不合乎要求，则必须修改逻辑设计，直到合乎要求为止。

在开始调机以前，夏培肃要求调机人员先调时钟脉冲，使全机的时钟脉冲在时间上对齐，其差错不得超过 0.2 毫微秒。

广泛国际交流

150-AP 研制成功后，150 计算机和 150-AP 搬到鄂尔多斯盆地的长庆油田勘探局。鄂尔多斯盆地是中国第二大沉积盆地，横跨陕、甘、宁、晋四省和内蒙古自治区，勘探面积三十七万平方公里。150 计算机和 150-AP 对长庆油田的勘探发挥了作用，根据长庆油田勘探局的书面材料，150 计算机加上 150-AP 后，地震资料处理速度提高十倍以上，大大提前了长庆油田的勘探任务。当时，中央电视台还专门报道了长庆油田的工作。在石油部，150-AP 获一等奖；在中国科学院，150-AP 获重大科研成果二等奖。

1980 年，夏培肃将有关 150-AP 设计的文章投到 1981 年在美国召开的"第八届国际计算机体系结构年会"，这个会议是国际上关于计算机体系结构的最权威的学术会议，也是中国学者第一次在这个会议上发表论文。审稿的专家们认为 150-AP 的体系结构设计是一种有意义的创新，因此将 150-AP 的文章定为特邀文章（invited paper），并邀请夏培肃本人去美国做报告。当时国家的外汇很紧张，夏培肃申请不到去美国的路费和在美国的生活费，会议的程序委员会主席替她解决了在美国的生活费，不过中美之间的路费问题还是不能解决。最后，夏培肃只得请她一位在美国进修的学生替她去宣读论文。

1984 年，美国 CDC 公司在北京的销售代表了解到中国研制出比 AP-120B 还先进的 150-AP，非常震惊，他想不到中国有能力设计制造如此高性能的计算机。于是，他给美国 CDC 公司总部打报告，想和中国科学院计算技术研究所合作，由 CDC 公司生产主机，计算技术研究所生产美国政府禁运的数组处理机，共同在中国市场推广应用，并邀请夏培肃去美国 CDC 公司总部进行技术谈判。CDC 公司当时是仅次于 IBM 公司的大型计算机公司，他们销售了一些 Cyber 系列的大型计算机给石油部，但 CDC 公司的高速计算机因为禁运的原因，不能出口到中国。1985 年，夏培肃去该公司后，做了有关 150-AP 体系结构的报告，该公司负责国际业务的副总裁和她会谈，表示愿意合作，并说凡是新的设计思想，他们都有兴趣。夏培肃提出：作为合作的基础，希望 CDC 公司提供 Cyber 172 的软件接口。CDC 公司也表示可以考虑。这本来是一件对双方都有意义的事情，但由于当时美国政府的阻挠，合作未能成功。

150-AP 的体系结构是一种新型的体系结构，引起国际同行的兴趣。1985 年，夏培肃去英国和美国时，多所大学邀请她去做报告。

第十一章
创新求索

在 150-AP 研制完成后,夏培肃总是念念不忘要使中国的计算机赶超世界先进水平,创新是夏培肃一生的追求,她对一些新出现的可能性总要进行研究,以确定是否有发展前景;对自己的一些新想法更是日夜思考,如果有可能,则尽力使之实现。

八十年代后,由于改革开放,国外先进的技术进来得比较多,于是有些人低估了国内计算机研发人员的能力,主张仿制美国 IBM 公司的 360/370 系列计算机[①]。但夏培肃认为,作为科学院的研究所,不能去搞仿制。事实上,她一辈子都反对仿制,她认为创新才有希望。她说:"我们和美国的差距是很大的,中国的计算机技术必须坚持走创新而不是跟踪仿制的道路,才有可能迎头赶上。"

[①] IBM 公司在二十世纪六十年代提出了系列机的概念,即以同一个指令系统为基础实现的小型机、中小型机、中型机、大型机等多种不同成本、不同性能的计算机系统,可在保持软件兼容的同时,支持不同应用场合的多种需求。IBM 360/370 系列在许多重要领域得到了广泛的应用,目前仍在继续发展中。

喜迎信息化大潮

放眼全球，信息化对经济、政治、社会等各领域的渗透、融合趋势越来越明显，成为推动经济社会转型、实现可持续发展、提升一个国家综合竞争力的强大动力。是中国的发展之路，既面临重大机遇，又面临严峻挑战。

国家高度关注信息化建设，并及时采取一系列重大举措，确立了以信息化带动四个现代化的发展思路。计算机是信息化的核心技术，这对从事计算机事业的夏培肃来说，无疑是幸运的，她终于迎来了科技报国、施展才华的大好时机。

上世纪八十年代初，我国信息化管理体制机制开始建立。1982年10月4日，国务院成立了计算机与大规模集成电路领导小组。同年12月8日至12日，领导小组在北京召开全国计算机系列型谱专家论证会，确定了我国在此后一个时期，发展计算机系列机的选型依据。这次系列型谱专家论证会在全国范围内集中了一百多名专家，夏培肃和韩承德名列其中。韩承德是最年轻的专家之一，他是夏培肃的学生，也是"文化大革命"期间，由周恩来总理亲自主持与英国保守党政府协商，向西方国家（英国）派出的唯一一批科技研修人员，韩承德是这批研修人员中唯一一个学习计算机专业并成行的。在英国研修期间，刚刚出现的微处理器给他留下了深刻印象。

在系列型谱专家论证会上，考虑到当时中国的国力有限，需要发展廉价的高性能计算机和必须抓住刚出现的微型计算机的发展苗头。夏培肃和韩承德代表计算技术研究所提出了发展GF[①]计算机系列的建议，并且针对信息处理高速化和信息处理汉字化的应用需求，提出了研制两个系列的功能分布式计算机系统，分别为GF10和GF20。其中，GF10旨在解决信息处理高速化的问题，建议采用通用计算机，配上高速专用数组处理机，以

---

① GF是功能分布汉语拼音 gongneng fenbu 的缩写。

获得很高的处理速度和很好的性能价格比。GF20旨在解决信息处理汉字化问题，考虑到有可能将国外微机的主流操作系统扩充成可以处理汉字的微机操作系统，在操作系统一级实现汉英兼容。建议提出了通过汉字微机来解决汉字信息处理问题；通过功能分布的概念，由汉字智能终端或汉字微机来实现大型主机的汉字输入输出功能。GF系列计算机的理念，以较低的代价面对信息化中亟待解决的两大难题，得到了行业主管领导和与会专家的高度评价。

为了加强科技创新对国民经济的支持，1982年开始实施"国家科技攻关计划"，这是中国第一个国家科技计划，也是二十世纪中国最大的科技计划，标志着我国综合性的科技计划从无到有，成为我国科技计划体系发展的里程碑。这项计划是要解决国民经济和社会发展中带有方向性、关键性和综合性的问题，涉及农业、电子信息、能源、交通、材料、资源勘探、环境保护、医疗卫生等领域。

1984年，为了加强对电子和信息事业的集中统一领导，国务院决定将国务院计算机与大规模集成电路领导小组改名为国务院电子振兴领导小组。

1984年11月，电子振兴领导小组经国务院同意，发布了"我国电子和信息产业发展战略"，指出我国电子和信息产业要实现两个转移：第一，把电子和信息产业的服务重点转移到为发展国民经济、为四化建设、为整个社会生活服务的轨道上来。为此，必须把电子信息产业在社会各个领域的应用放在首位；第二，电子工业的发展要转移到以微电子技术为基础、以计算机和通信装备为主体的轨道上来，并确定集成电路、计算机、通信和软件为发展的重要领域。

夏培肃的科研团队就是在我国信息化大潮中，得到了国家对信息化的高度关注和一系列政策层面上的指导，同时在国家级和中国科学院科技计划的支持下，紧紧抓住了我国信息化的机遇，攻克了一个个技术难关，始终活跃在我国信息化建设的前沿。

1982年起，夏培肃科研团队的GF系列计算机（包括GF10和GF20）有幸列入了国家"六五"、"七五"科技攻关计划，得到了国家计委、国家科委、电子工业部和中国科学院的大力支持。研制出了GF10数组处理机系统和包括汉字微机、网络服务器和财税系统在内的 GF20 系列计算机。

1988 年夏培肃与冯康院士合作，在国家自然科学基金重大项目支持下，探索并行计算机与并行算法相结合的实现方法，研制出了 BJ-1 并行计算机，并应用于中国科学院地球物理研究所。

1994 年夏培肃和李三立院士合作，在国家攀登计划 B 类项目的支持下，开展了高性能计算机中若干关键技术问题的基础性研究。夏培肃提出了适用于 MPP 系统的反图拓扑高速互联网络，该方案获两项国家发明专利。

GF10 功能分布式计算机系列

二十世纪八十年代初期，在我国国民经济进行调整的情况下，计算机工业界认识到，发展我国计算机工业，应该从过去的以研究制造计算机硬件设备为中心，迅速地转向以普及应用为重点，以此带动研究发展、生产制造、外围配套、应用开发、技术服务和产品销售等工作。

计算机与大规模集成电路事业是关系四个现代化建设进程的重大战略问题，它不仅是直接从事这一事业的科研和生产部门的事，还要求冶金、石油、化工、轻工、建材、纺织等部门密切协同和大力支持，共同奋斗。1982 年，国务院成立了计算机与大规模集成电路领导小组。1982 年 12 月 8 日至 12 日，国务院计算机与大规模集成电路领导小组在北京召开了全国计算机系列型谱专家论证会。夏培肃和韩承德代表计算技术研究所递交报告，提出了研制 GF（功能分布式）系列计算机的设想和建议。型谱专家论证会议结束后，GF 系列计算机列为计算技术研究所重大科研项目，并得到了国家"六五"科技攻关、国家"七五"科技攻关、中国科学院、广东省科委和北京市科委的大力支持。计算技术研究所成立了 GF 系列计算机的项目领导小组，夏培肃任组长，吴几康任副组长，组员有方信我、韩承德等。在夏培肃的统一领导和规划下，制订了 GF-10 和 GF-20 计算机的实施方案，她把 GF-20 系列计算机的任务分配给了她的学生韩承德。

GF-10/12 功能分布式阵列机系统

功能分布式系统将一项任务按功能分割成若干相互关联的部分，将每一部分指派给专门的处理机去完成，然后按流水线的思想把各部分的执行过程在时间上重叠起来。

GF-10/12 是一个中等规模的系统，由一台系统管理机、一台高速阵列处理机（即数据处理机）和一台接口通信处理机组成。接口通信处理机可以与外围机连接，另有由通信机构控制下的系统总线将这几台处理机连接成为一个整体，构成一个完整的功能分布式计算机系统。GF-10/12 的操作系统是分布式结构的，由中国科学院软件研究所负责研制。GF-10/12 中的各台处理机能各自独立地执行自己本身的任务，又可在分布式操作系统 FDOS 的控制下协同完成用户任务。用户提交作业的多个进程可以在多台机器上并发执行，由 FDOS 保证不同机器中的文件可以在系统的整个空间存取。

GF-10/12 中的高速阵列处理机是自行研制的，它是一个高速的多部件并行的流水线结构的机器，其最高运算速度为每秒一千五百万次。由于采用了功能分布的设计思想，整个系统的效率高，实际运算速度比当时国际上流行的 VAX 11/785[①] 超级小型计算机快一个数量级，接近于 Convex C-1 小巨型机[②] 的水平，具有很高的性能价格比。同时，GF-10/12 也采用了一些国际上成熟的先进技术，如系统管理机采用了当时较先进的 32 位 M68000[③] 微型计算机；AP 的控制采用 M68000 单板机；操作系统 FDOS 的两个子系统 APOS 和 SOS 均由 UNIX 操作系统第七版移植而成；VF77 是在 FORTRAN 77 的基础上发展而成的向量程序设计语言，可以容易地

---

① VAX 11/785 是美国 DEC 公司研制的 VAX 11 系列小型机中性能较高的一种，也被称为超级小型机 (super minicomputer)。

② 小巨型机 (minisupercomputer) 是上世纪八十年代出现的一种计算机类型，它有小型（通用）机的价格、接近于超级计算机的科学计算性能。Convex 成立于 1982 年，是当时开发小巨型机的代表性厂家，在 1995 年被 HP 公司收购。

③ M68000 是 Motorola 公司研制的微处理器产品，属于当时国际上最先进的 32 位微处理器。

将 FORTRAN 77 语言的程序改写为 VF77 语言的程序，在 GF-10/12 上编译执行。

GF-10/12 中的高速阵列处理机与 150-AP 相比，也有很多改进。如指令字长从 24 位扩展到 32 位；阵列处理机内部也采用了多部件并行工作的结构，包括阵列控制处理机、阵列参数处理机、阵列运算处理机等；除了提供高速运算库和汇编语言外，还提供了高级语言编程环境，以方便用户使用。

图 11-1　GF-10/12 及其研制组部分成员（1986 年）
前排左起：陈定兴、方信我、夏培肃、王玉祥；
后排左起：赵春英、李保红、张黎明

1986 年，由中国科学院组织的技术测试组从 8 月 25 日到 30 日对 GF-10/12 系统进行了全面的测试和考核，鉴定委员会在 9 月 16 日举行会议，一致认为：GF-10/12 功能分布式阵列处理机系统是我国自行设计和研制的一个新型计算机系统。该系统在软、硬件的设计思想方面有所创新。它的研制成功对提高我国计算机科学技术水平有重要意义，是我国计算机学科所取得的一项有意义的科研成果。由于 GF-10/12 中的阵列处理机是采用 TTL74 系列中小规模集成电路实现的，鉴定委员会希望，今后最好能改用超大规模集成电路，以缩小机器的体积，形成产品。

GF-10/12 虽然水平相当高，性能价格比也高，但由于种种原因，可惜未能获得应用，为此夏培肃深感遗憾。

GF-10/11 功能分布式阵列机系统

GF-10/11 是 GF-10 系列里的中小型系统，其总体架构与 GF-10/12 相同，但规模略小一些，由中国科学技术大学计算机系承担主要的攻关任务。科大计算机系体系结构教研室郑世荣、杨贡华、汤宝英、范芸等老师到计算所进行了课题调研，了解了 GF-10 系列功能分布式阵列处理机的设计思想，回校后带领课题组完成了研制任务。

GF-10/11 系统由系统管理机 SP 和高速阵列处理机 AP 组成。SP 采用 M68000 微型机。AP 是自行设计的高性能处理机：字长 32 位，时钟频率 4.25M，主存容量 2MB，辅存容量 4KB，表存容量 16KB，控存容量 160KB，外存磁盘容量 84MB，最高数组处理速度为每秒 850 万次浮点运算。AP 算术库有矩阵运算、FFT 等微程序 242 个，微程序存储器采用 RAM 方式对用户开放，用户可根据需要扩充到 1024 个库函数微程序。系统软件包括分布式操作系统（FDOS）、向量 FORTRAN77（VF77）和向量汇编程序（APAS）。

1987 年夏天，GF-10/11 设计完成后，进行技术鉴定前的测试工作。夏培肃派她的两个在读博士生章中云和唐志敏去合肥调研，学习 GF-10/11 的相关技术，顺便给测试组专家打打下手。同年 10 月召开了技术鉴定会，夏培肃也参加了鉴定会。鉴定委员会一致认为："GF-10/11 计算机系统属国内先进水平，在程序并发、设备压缩等方面有自己的特色，特别是在微程序库、向量 FORTRAN 等方面有所创新。"

1988 年 10 月，GF-10/11 功能分布式阵列处理机系统获中科院科技进步二等奖。

GF-10/13 和最大时间差流水线技术

在最大时间差流水线里，数据信号像波浪一样，一拨一拨地进入流水线，拨与拨之间没有寄存器隔开，但后面的那拨总是赶不上前面的那拨，国外把这种流水线称为行波流水线（wave pipeline）。

自从夏培肃在"文化大革命"期间提出最大时间差流水线技术以后，在美国，也有人提出了同样的设计原理，并从上世纪七十年代开始陆续设计出高速运算器、静态存储器和数据通路等部件，但都没有做出完整的计算机。

GF-10/13 的阵列处理机打算验证最大时间差流水线技术，预计运算速度超过每秒三千万次。但由于项目经费有限，只能先做一个模型机。这时，夏培肃在"文化大革命"结束后招收的第一批研究生、后来通过留学生考试到英国留学的林琦在 1983 年于曼彻斯特大学获得博士学位后，又回到了夏培肃的课题组。林琦在英国的博士研究课题就是高速流水线计算机，工程实现能力很强，对最大时间差流水线技术和夏培肃有同样的想法，于是夏培肃安排他负责 GF-10/13 模型机的设计研制工作。GF-10/13 采用的器件是门延迟为 2ns 的 M10K 系列中小规模 ECL 集成电路组件[①]，因为是模型机，结构不能做得太复杂，所以只支持定点运算。

GF-10/13 的研制非常成功，实际工作频率达到了 102MHz（即时钟周期为 9.8ns），而其中采用门延迟为 0.7ns 的 F100K 系列[②]ECL 组件的乘法器部分可工作到 180MHz（即时钟周期为 5.5ns）。这个数据，远远高于国内外基于同样工艺水平的元器件的计算机系统。例如，同样是采用门延迟为 0.7ns 的 ECL 组件，美国 CDC 公司的 Cyber-205 做到的时钟频率是 50MHz（即时钟周期为 20ns）、美国克雷公司的 Cray-1 也只做到了 80MHz（即时钟周期为 12.5ns）[③]。

虽然只是一个小规模的模型机，但 GF-10/13 的研制成功验证了最大时间差流水线工作原理的可行性，而且为其实用化提供了许多值得借鉴的第一手经验。后来李政道教授来中国开会，他在哥伦比亚大学实验室里研制计算机的专家来看了 GF-10/13 模型机以后说：这项研究工作比他们在哥伦比亚大学做的工作好十倍。

GF-10/13 的论文发表后，在国际上多次被人引用。1989 年 8 月，第十一届国际信息处理协会（IFIP）组织的世界计算机大会在美国旧金山举行，林琦在分会上做了有关 GF-10/13 和进一步研究工作的学术报告。

为了用大规模集成电路实现最大时间差流水线，夏培肃到处奔走打

---

① ECL 是射极耦合逻辑（emitter-coupled logic）的英文缩写，是一种非常高速的逻辑电路，缺点是功耗比较大。M10K 是由 Motorola 公司开发的中小规模 ECL 集成电路标准产品。

② F100K 是由 FairChild 公司开发的中小规模 ECL 集成电路标准产品，开关速度高于 M10K。

③ Cyber205 和 Cray 1 是当时世界上最高水平的超级计算机（也称为巨型计算机）。

听，希望有单位能帮助试制大规模集成电路。但当时国内的大规模集成电路还不成熟，而发达国家的半导体厂家对中国采取封锁措施。1987年，夏培肃通过中国科学院微电子中心的黄令仪联系到了香港的华科公司，可以用CMOS工艺做大规模集成电路。于是，她设计了最大时间差流水线的16位的算术逻辑部件ALU16的图纸，由黄令仪等配合完成版图设计，并在华科公司投片，试制的芯片由王玉祥测试，测试结果比常规的设计方案快一倍。该ALU16大规模集成电路由输入模块、组间先行进位链模块、输出模块和延迟模块等组成，是最大时间差流水线在大规模集成电路中的首次尝试。1988年12月9日，夏培肃与王玉祥共同申请了发明专利"大规模集成电路的算术/逻辑运算部件"，1991年2月27日正式获得国家发明专利。

为了进一步试制大规模集成电路，夏培肃还联系了国内的其他一些半导体研制单位，包括有CMOS工艺的无锡华晶公司、有ECL工艺的中国科学院上海冶金所，希望开展芯片设计的合作，但都由于条件限制，没有合作成功。后来她了解到航天部九院在北京有一个微电子研发部门，从瑞士引进了一条激光门阵列生产线。她很快与对方建立了联系，并带了科研组的人，多次到位于永定门外东高地的激光门阵列实验室洽谈，终于确定了在该实验室试制最大时间差流水线运算部件的合作。

激光门阵列实验室具备1.5微米线宽的CMOS门阵列工艺条件，可制备的电路规模是单片五千个门。夏培肃的思路是：有什么样的工艺条件可用，就设计该工艺可实现的电路。石油物探、雷达图像处理等应用中都涉及大量的数字信号处理工作，其中的核心运算是乘加。由于乘法流水线耗费资源较多，所以先做加法器。当时主流系统的字长为32位，做32位的加法器应该也够了，但考虑到加法器用于累加时，可能会产生溢出，因此将字长加到36位。

根据激光门阵列实验室提供的标准单元技术手册，夏培肃亲自设计了36位加减法器的逻辑原理图，包括输入端和输出端的寄存器组、本地相加、先行进位、和的产生等模块。她用A4尺寸的坐标纸，清晰地分别画出了36位加减法器的总体结构图和各模块的逻辑原理图，再用复印机印了很多份，在例行的讨论班上分发给大家，请大家检查。看到如此规范、工整的图纸，在座的同事和同学们都惊呆了，难以想象这是一个已届古稀之年的老人亲手绘制的。如果现在的同学看到这些图纸，一定会以为这是在计算机上用 CAD 软件绘好图后，用激光打印机打印出来的。

逻辑原理图只是芯片实现的第一步。为了通过最大时间差流水线的方法来提高加法器的工作频率，需要对各个逻辑链上的延迟时间差异进行填平补齐。这方面，夏培肃设计的原理图只进行了示意性的表示，究竟如何实现逻辑链的延迟均衡，需要插入多少个反相器对才能补齐某一条链上的延迟，都要在设计现场根据具体的延迟数据进行决定。夏培肃把这项工作交给了她的研究生唐志敏去完成。

激光门阵列实验室的芯片设计条件比计算技术研究所课题组要好得多，那里有电子设计自动化（简称 EDA）工作站，用 OrCAD[①] 进行原理图的录入，还有工具可以进行功能正确性的验证和逻辑时序的模拟。在 EDA 工具上通过对各个逻辑链的延迟时间的分析，可以知道短的逻辑链在什么地方，在短链里补入多少个反相器对后，可以使它的延迟与长链相当（这样就可以把逻辑链的延迟时间差缩到最小）。完成延迟均衡（即反相器对的插入后），需要再做一次功能正确性检查，确认功能正确后，再进入布局布线阶段，生成可用于门阵列芯片加工的数据文件。

上述工作进行得很顺利，终于进入投片加工阶段了。但是，出乎大家意料之外，第一次得到的芯片工

图 11-2　夏培肃指导学生进行元器件性能测试（1990 年。左一唐志敏，左二夏培肃，左三祝明）

[①]　一种计算机辅助电路设计的工具，可输入电路原理图，并把原理图转化为其他工具可以接收的格式。

作不正常。夏培肃和大家一起分析，并请教门阵列实验室的工艺专家，找到了不正常的原因。夏培肃根据工艺条件，指导大家修改原来的逻辑设计，并提出了一种适合于门阵列芯片的布局方案。经过唐志敏的努力，36位加减法器进行了第二次投片。芯片完成后，在测试仪上测到的功能完全正确。

封装后的36位加减法器拿回计算技术研究所内的实验室，进行性能测试。结果表明，采用最大时间差流水线设计的这款芯片可以工作在60—80兆赫，而如果采用常规的设计方案，用同样工艺条件制作的芯片只能工作在20—25兆赫。这个实验证明，夏培肃提出的最大时间差流水线设计方法，确实可以把电路的工作频率提高两三倍。

完成36位加减法器后，又进行了8位乘法器的设计工作。这项工作最初由夏培肃的硕士研究生韩卫负责，后来改由博士研究生胡伟武执行。由于前期在激光门阵列实验室的工作已经积累了不少经验，所以乘法器的设计工作比较顺利，实际测试结果也验证了最大时间差流水线在提高电路工作频率方面的效果。

GF20功能分布式计算机系列

1974年，Intel推出了第二代微处理器8080，可用来完成很多以前需要用较大设备完成的计算任务，适于批量生产，价格便宜，于是各半导体公司开始竞相生产微处理器芯片。Zilog公司生产了8080的增强型Z80，摩托罗拉公司生产了6800，它们均采用NMOS工艺，集成度约九千只晶体管，平均指令执行时间为一两微秒。当时国内正值"文化大革命"，国内科研人员对微处理器知之甚少，韩承德因为恰逢在英国曼彻斯特大学进修，有机会了解到国际微处理器的飞速发展态势，激励他抓住机会较早地进入微处理器的研究，并把研究重点从大型计算机转向微型计算机，GF20系列计算机就是基于微处理器的微机系统，其目标是通过功能分布的概念，解决信息处理汉字化的问题，以及全面提升微机系统的性能。

GF20 系列计算机获国家科技进步二等奖一项，中国科学院和省部级科技成果或科技进步奖一等奖三项，二等奖一项。

GF20/11A 汉字微计算机

GF20 系列的目标是要通过研制适合国人使用的汉字微机来解决信息处理汉字化的问题；通过功能分布的概念，大型主机的汉字输入输出功能可以由汉字智能终端或汉字微机来实现。

如何使汉字进入计算机是摆在课题组面前的重大挑战，由于中国经济比较落后，而且微型计算机出现不久，当时的微型计算机以八位微处理器为主。西方国家设计的计算机都不支持汉字。英文与汉字差异甚大，英文为拼音文字，只有二十多个字母，字由字母组成，字与字之间用空格分开；而汉语常用字就有六千多个，句子中字字相连。为此，中文信息处理不能沿用西文信息处理方法。当时使用片假名和汉字的日本，计算机上的汉字是通过手工定义和填写 BASIC 语言的字符串来实现的，既没有汉字编码输入工具，更没有操作系统一级对汉字的支持，使用极不方便。为了使汉字进入计算机，就需要让计算机接受两字节以上的字符集。课题组从 1980 年起展开了汉字输入技术、汉字输出技术、汉字字型技术和汉英兼容技术的研究。其中，最难解决的是汉英兼容技术。课题组分析了当时最流行的 Z80 微机的系统结构和 CP/M 操作系统（是 DOS 出现之前最流行的微机操作系统，当时微软公司尚未成立），通过反汇编分析了 CP/M 用来控制各种输入输出设备的核心部分：BIOS（基本输入输出系统）。通过扩充 BIOS 的各项功能，使 BIOS 不仅能接受英文字母的编码，同时也能接受和处理汉字的编码和汉英混合编码。最终实现了操作系统的汉英兼容。在此基础上，使原来只能处理西文字符串的高级语言和数据库，也可方便地扩充成可处理多字节汉字。

在汉字输入技术方面，研制了汉字大键盘、笔型码、五笔字型等汉字输入编码程序和汉字编码字典自动生成程序。在汉字输出设备方面研制了汉英兼容的汉卡和汉字屏幕编辑程序，汉字造字程序和针式汉字打印机驱动程序，并参与了汉字点阵字模国家标准的制定。

在主机系统的研制方面，为了使八位微机能处理汉字，使汉字字型库能存入内存，突破了八位微处理器64KB寻址空间的限制，设计了专门的地址转换机构使Z80的寻址能力扩大到512KB。

"GF20功能分布式微计算机系统研制"列入了"六五"和"七五"国家科技攻关项目，由计算技术研究所承担。当时微机和外汇都是稀缺资源，进口控制很严。1980年计算技术研究所承担了广东省科委CIT汉字智能终端项目，得到了广东科委在外汇和进口方面的大力支持。CIT汉字智能终端1982年在中国科学院科研成果展览会上展出，引起社会各界极大关注。1983年在CIT汉字智能终端的基础上，计算技术研究所完成了GF20/11A汉字微机的研制，实现了与DEC小型机的联机和通过电话网的远程汉字文件传送。GF20/11A机在广东省科委支持下投入了批量生产。该机在国家机关和部委得到了广泛应用，例如，中共中央办公厅办公自动化系统、全国人民大会堂选票系统、全国财税系统、石油等部门的物资管理系统等。在广东省科委和财政部计算中心的大力支持下，GF20/11A机遍及了除台湾省以外的全国二十九个省市和自治区。GF20/11A机连同中国科学院成都计算所在其上开发的中医计算机诊疗系统，经中央各部委的选拔和总理批准，参加了1985年3月至9月在日本筑波举办的世博会。此次世博会会期半年，参观人数两千多万人次。在中国馆日庆典欢迎方毅团长的大会上，日本政府代表的欢迎词中明确表示了对GF机和中医诊疗系统的极大兴趣。期间英国伯明翰市负责人邀请该系统赴英国展出，一些外国公司要求技术转让，展出取得极大成功，为国争了光，对多字节计算机的发展产生了重大影响。按照GF20/11A改造英文操作系统核心部分的创新方法，几年后国内出现了与IBM PC机兼容的微机增值产品CCDOS、UCDOS和汉卡等。设在加拿大多伦多大学的多国语言研究中心邀请中国科学院计算技术研究所GF20/11A研制组的负责人前往研讨多国语言的编码和标准化问题，考虑到这项工作由国家标准化局来组织更为合适，中国科学院计算技术研究所及时向国家标准化局等有关部门转呈了邀请函，并

图 11-3　GF20/11A 是世界上第一台汉字微型计算机系统（1983 年）

强调了汉字编码纳入国际标准的重大意义，促成了后来中日韩统一汉字的大字符集的国际标准 ISO/ICE 10646 和 Unicode 的诞生。这样，国际上的主流软件就开始考虑对两个字节以上的大字符集的支持，从根本上解决了国际主流软件对汉字的支持。

GF20/11A 获 1984 年广东省科技成果一等奖；设计定型后，获 1986 年中国科学院科技成果一等奖。

GF20/11B 服务器系统

中国科学院计算技术研究所 GF20 课题组牵头，联合京粤汉字电脑研究开发中心和国营七三八厂共同承担了"七五"国家科技攻关项目："GF20 多用户分布式信息系统研制及生产技术。" 1988 年中国科学院计算技术研究所负责设计定型了 GF20/11B 网络服务器和 GFShare 网络操作系统，完成了 GF0530NS 功能分布式微机系统及网络的研制，为 GF 机及 IBM PC 机的联网应用提供了支撑平台。

第十一章　创新求索

GF20/11C 通用汉字微机

随着 IBM PC 在国内的普及，电子工业部将其列入了 0520 微机系列。1986 年课题组将 GF20/11A 升级为 16 位机，研制出了与 IBM PC 兼容的 GF20/11C 汉字微机和财税系统。GF20/11C 在财政部（当时税务也归财政部管理）和各省市、自治区的财税部门，政府机关和物资等部门得到了广泛应用。GF20/11C 被国务院电子振兴领导小组评选为首批国家优选微型机系统，命名为京粤 GF0520。

GF20/11C 汉字微机及财税系统获 1987 年中国科学院科技进步二等奖。

GF20/11D 微机工作站（又称 CAS386 微机工作站）

该项目的目标是利用功能分布式的体系结构将微机功能全面提升到工作站的水平。项目得到了中国科学院"七五"重大科技攻关项目的支持，由中国科学院计算技术研究所联合自动化研究所和软件研究所共同完成。中国科学院胡启恒副院长为该项目起名为"CAS386 微机工作站"，CAS 既是计算技术研究所、自动化研究所、软件研究所，三个所英文名的词头，又是中国科学院英文名的缩写。

图 11-4 夏培肃在查阅资料（1990 年前后）

课题组全面分析了微机

图 11-5　夏培肃在办公室（1990 年前后）

图 11-6　夏培肃夫妇与王选、陈堃銶夫妇合影（1992 年）

第十一章　创新求索

和工作站体系结构及性能差异，创造性地设计、实现了智能磁盘控制器、智能 I/O 控制器、图形处理子系统、并行处理子系统，移植了汉化 UNIX 操作系统和 TCP/IP 网络协议等。在微机性能的提升、UNIX 操作系统功能扩充、图形软件工具箱的建立等方面均有重要创新。突破了提高微机处理速度、磁盘读写速度、XENIX 移植、核心源程序的提取，以及建立可移植的开放式图形应用环境等一系列关键技术。使微机达到了工作站的性能，在微机上以较低代价全面实现了工作站功能。该项成果被计算机世界和中国计算机报评为 1990 年国内计算机十件大事之一，并取得了重大经济效益。

CAS386 微机工作站及微机系统获 1991 年中国科学院科技进步奖一等奖，设计定型后获 1992 年国家科技进步奖二等奖。

BJ 并行计算机系列

夏培肃在艰难的条件下研制最大时间差流水线大规模集成电路的同时，也十分关注国际上高性能计算机的发展动向。当时，大量处理机并行工作的计算机系统（MPP 系统①）越来越引起人们的注意。除了 MPP 系统外，提高并行计算机系统性能的另一个途径是寻求并行算法与并行计算机结构之间的最佳匹配。并行算法体现了应用问题的需求，但如果算法的要求不能被机器的结构所满足，那么实际运行的效率是不高的。所以并行算法和并行计算机不能孤立地研究，而应该结合在一起。基于这样的考虑，1988 年，夏培肃和中国科学院计算中心的冯康学部委员合作，申请到了国家自然科学基金重大项目"并行计算机和并行算法"。项目的参加单位除了研究并行计算机体系结构的中国科学院计算技术研究所，还有研究并行算法的中国科学院计算中心、研究并行操作系统的东南大学计算机系、研

---

① MPP 是大规模并行处理（massively parallel processing）的英文缩写。

究并行编译的中国科学技术大学计算机系，以及研究串行程序自动并行化的复旦大学并行处理研究所。由于当时基金重大项目的经费不是很多，而参加的单位却不少，因此只能做一些基础性研究和小型的并行计算机原型系统，以加深对并行计算机体系结构和系统设计的了解。夏培肃提出研制BJ 并行计算机系列，BJ 是"并行"和"计算"的拼音简写。其团队完成了 BJ-01 和 BJ-1 并行计算机。

BJ-01 并行计算机

BJ-01 并行计算机是根据李政道教授的建议，由夏培肃和中国科学院理论物理研究所郝柏林学部委员共同负责，研制一台专门用于分析非线性系统中混沌（chaos）行为的并行计算机，李政道为这台计算机的研制张罗到了十万美元，后来这个项目也得到了国家自然科学基金重点项目的支持。

混沌是由确定性方程描述的非线性系统的一种现象，普遍存在于自然界。在科学和技术的许多领域，例如早期宇宙、心律不齐、经济学等的研究中已出现混沌。特别是时空混沌行为的研究，需要进行大量计算，而且很多计算是可以并行执行的。因此，并行计算机是研究混沌行为的有力工具。

在 BJ-01 并行计算机研制过程中，项目组的人经常在一起开会，进行技术交流和方案研讨。夏培肃给大家介绍的主要是并行计算机和流水线计算机的体系结构，郝柏林主要介绍非线性系统中混沌现象的产生机理、对混沌进行数值研究的基本方法，以及混沌分析对计算机的具体要求。

BJ-01 并行计算机由祝明发负责总体设计，采用主从式的并行计算机方案，BJ-01 的主机是一台 SUN 3/160 工作站[①]，通过 VME 总线和一台负责主机和从机通信的控制处理机相连，从机是四台共享存储器的并行处理机，它们是自行设计的，采用美国 Motorola 公司的 32 位微处理器 68020

---

① SUN 3/160 是美国太阳微系统（Sun Microsystem）公司开发的桌边工作站计算机，其机箱里有多个全尺寸的扩展插槽，供扩充系统功能之用。

和浮点协处理器 68881。各处理机有自己的局部存储器，处理机之间通过交叉开关网络连接到共享存储器。

BJ-01 并行计算机加工、调试和试算成功后，移交给理论物理研究所。1992 年，该机获中国科学院科技进步奖三等奖。BJ-01 并行计算机从理论物理研究所退役后，又被转赠给北京大学数学系的并行算法研究组，用于并行算法的实现研究。

BJ-1 并行计算机

BJ-1 并行计算机的设计工作主要由韩承德负责。关于并行计算机应该采取什么样的结构，是集中存储还是分散存储，是共享内存还是消息传递，用什么样的操作系统、什么样的互联网络，在科研组内都进行了深入的讨论。最后，根据可用的技术条件和经费情况，实现了一种融共享存储与消息传递于一体的新型并行结构。

BJ-1 使用了美国 Intel 公司的 RISC 微处理器 i860XP[①]。它是当时 Intel 公司处理器中性能最高的一款，而且支持高速缓存的一致性协议。

BJ-1 并行计算机采用双板结构，每块板上放置两个 i860XP 处理器，它们通过高速总线共享内存并维持私用高速缓存中数据的一致性。两块处理器板之间通过一个双端口存储器板桥接。用双端口存储器作为处理器板之间交换数据的通道，与用普通的互联网络相比，使用更为方便，即通过常规的存、取指令便可访问，带宽也更高。BJ-1 采用的紧凑结构，使它可被安装在普通个人电脑的立式机箱内，成为一台便于搬移的桌边高性能计算机。

i860 虽然号称是超标量处理器，但实际上与后来问世的采用动态调度的多发射超标量结构还是有很大的不同。它主要采用双指令模式（同时执行一条定点指令和一条浮点指令，相当于长指令字结构）和双操作指令（一条指令完成乘法和加法两个操作）来实现指令级并行处理，以提高性

[①] i860 是 Intel 公司在上世纪九十年代开发的精简指令集架构的微处理器，其计算性能远高于当时的奔腾系列 x86 通用微处理器。

能。由于当时的编译器针对这类结构的优化功能有限，主要依赖高质量的库函数来提高性能。除了 Intel 提供的基本函数库外，BJ-1 课题组还开发了一些性能更高的函数，有些用于数据通信，有些用于科学计算，大大提高了系统的计算效率。

BJ-1 并行计算机在通过鉴定、项目结题后，被转移到中国科学院地球物理研究所，用于地球科学方面的研究和计算工作，于 1995 年获中国科学院科技进步奖二等奖。

国家攀登计划项目

高性能计算所需要的并行处理技术，不能停留在只用几个处理机的小规模系统，但当处理机数目增加后，系统的实际效率会降低，可编程性的难度也会增加。所以，可扩展的高性能并行系统，需要解决如何提高实际效率和如何改善可编程性的问题。为了进一步开展高性能计算机方面的基础性研究工作，夏培肃和课题组的几个研究骨干，给国家科技部的攀登计划撰写了关于开展"高性能计算机中若干关键技术问题的基础性研究"的项目建议书，建议重点研究分布式共享存储体系结构、高效率的通信与同步机制等关键问题。夏培肃的建议书是通过中国科学院上报科技部的，同时，科技部还收到了清华大学李三立教授等通过教育部上报的项目建议书。因为他们的建议书都涉及高性能计算机，所以就合并为一个攀登计划 B 类项目（A 类项目为自然科学领域的基础研究，B 类项目为技术科学领域的应用基础研究），夏培肃、李三立为项目首席科学家，参加单位有中国科学院计算技术研究所、清华大学、北京大学、南京大学、中国科学院计算中心、北京航空航天大学等。

当时攀登计划给每个项目的资助经费为五百万元，参加的单位又多，所以不足以研制实验性的硬件系统，只能做一些与高性能并行计算机的体系结构相关的基础性、原理性的研究与探索工作。

MPP 系统因为处理器数量很多，如何把它们高效地连接起来是一个很重要的问题，即 MPP 系统的互联网络的设计问题。互联网络的结构经常被称为拓扑结构，它是一个连通图，处理器是图中的顶点，通信链路是图中的边。拓扑结构的设计需要考虑多方面的因素，如：图的直径，即系统中任意两个处理器间距离的最大值，它和通信延迟有很大的关联；顶点的度，即每个处理器有几个可以直接通信的邻居，它涉及到通信模块的设计复杂度；切分宽度，即把图一分为二的时候，一共要切断几条边，它涉及到系统对大量通信的支持能力；图的复杂度，即边的数量与顶点数量的函数关系，它关系到互联网络在具体工程实现上的可行性。在工程上，实现互联网络常用的方式是电互联，但光互连和光电结合的互联网络也是可能的途径。

如何才能让一个互联网络容纳更多的处理结点，这是夏培肃一直在思考的问题。作为重大基础研究项目的首席科学家，她认为自己研究的问题一定要有很强的超前性。当时的高性能计算机正在向万亿次每秒（TFLOPS）迈进，而夏培肃已经在考虑实现千万亿次每秒（即 PFLOPS）的超级计算机的可行性了。千万亿次规模的系统，至少需要数万乃至数十万个处理器，所以需要一种新的拓扑结构来容纳这么多的处理结点，且网络的规模又不至于过分复杂。夏培肃注意到了一种称为反图的概念，其基本思想是：把一个图的顶点换成边，边换成顶点，就成为这个图的反图。因为原图和反图有这样的对应关系，所以基于原图的所有分析结果（包括路由算法）都可以较容易地应用到反图上。而且，一般的拓扑结构（即原图）里，都是边的数量比顶点数量多，而在反图里顶点数量比边的数量多，反图可以容纳更多处理结点。但是，普通的反图，因为边的数量比顶点数量少，通信效率会是一个大问题，所以这样的反图概念并不能付诸实用。夏培肃反复分析了反图的优缺点，认为可以通过实现技术上的改进，弥补反图的缺点，并发挥其优点。在此基础上，她提出可用于 MPP 系统中的基于反图拓扑的高速互联网络设计方案。此方案充分考虑了半导体芯片的集成度按摩尔定律不断提高的发展趋势，采用复杂度较高但带宽也很高的交叉开关作为处理结点间互连的基本组件，并采用高带宽的光传输通道作为基本通信链路,来解决反图拓扑中边的数量较少带来的通信带宽问题。研究和分析表明,该方案确实具有较强的通信性能,并先后获得了两项国家发明专利。

后来,夏培肃的博士研究生周知予在夏培肃上述工作的基础上,进一步开展了反图拓扑结构中的高效率通信算法研究,取得了很好的成果,有关结果发表在《计算机学报》和由 IEEE 主办的国际会议上。

第十二章
研究生培养

夏培肃从 1963 年开始培养研究生，韩承德是她的第一个研究生。1984 年，夏培肃被国务院学位委员会批准为博士研究生导师，开始培养博士研究生。在她培养的研究生中，有三人获中国科学院院长奖学金特别奖（当时每年只有十名），二人获全国优秀博士学位论文奖，三人获中国青年科技奖。

夏培肃认为培养研究生主要是为国家培养人才，而不是为了协助导师完成科研任务。夏培肃坚信计算机事业要发展，没有新生力量绝对是不行的，而为计算机事业培养人才则是她应尽的责任。

夏培肃根据研究生的能力和兴趣，引导他们从事科研工作。她是一个严格的老师，不但对研究生在业务方面严格要求，更重要的是以身作则，要求研究生有良好的科学道德。另外，她还从研究生的角度，关心他们的生活和发展前途等方面的问题。本章将通过一些小故事来描述夏培肃与研究生们的师生情谊。

1978 年，夏培肃收了一个名叫林琦的研究生。林琦的动手能力很强，自己在家里能组装收音机，还自学了高中的课程。他在延安插队时，白天劳动，晚上自学高等数学和物理。后来被招入工厂，学习了一些工程方面的课程，以及计算机和程序设计的简单原理。1977 年国家恢复高考，林琦考取西安交通大学；1978年国家恢复研究生制度，林琦报考了中国科学院计算技术研究所夏培肃的研究生。报考研究生需要有单位的推荐信，林琦的推荐信里说他学习非常刻苦，到了废寝忘餐的地步，让领导和同事们都很感动，这个介绍引起了夏培肃的注意。林琦参加研究生初试的成绩不怎么出色，而复试时考了七十多分，列第二名。在最后的面试阶段，夏培肃觉得他思路非常清楚，决定录取林琦为自己的研究生。

研究生录取工作后，正赶上出国留学生考试，当时林琦不到三十岁，有资格应考，他勉强通过了留学生考试。去哪里留学呢？夏培肃考虑到林琦没有拿到大学毕业文凭，不能到美国去，因为在美国大学念研究生一定要有大学毕业文凭；到英国去念研究生更加可行一些。由于韩承德在英国曼彻斯特大学进修过，所以夏培肃和韩承德两个人同时写推荐信给曼彻斯特大学的教授，推荐林琦去当研究生，这样林琦就被录取了。

为了加强林琦的专业基础，在他去英国学习前，夏培肃专门给他补课。她向韩承德了解曼彻斯特大学里有些什么样的计算机，就让林琦学习那些计算机的资料，帮助他提前适应英国的学习环境。当了解到该大学有美国CDC公司的大型计算机后，因为夏培肃和河北省涿县的石油部物探局有合作关系，他们那里也有CDC公司的计算机，于是她安排林琦到物探局去实习。林琦也确实很刻苦，春节大家都回家了，他还在机房值班。他父亲从宁夏来北京，只见上一面就走了。

英国的硕士有两种，一种是论文硕士，一种是课程硕士，林琦到英国去学习，可以在两种方案中选择一个。因为课程硕士要上很多课，而林琦的英文和专业基础不过硬，有可能听不懂课，考不出好成绩。考虑到林琦的实际情况，夏培肃建议他读论文硕士。林琦于1979年去英国，他非常努力，1981年获得了论文硕士学位，1983年获得了曼彻斯特大学博士学位。

林琦学成回国后，加入夏培肃的课题组。夏培肃根据他的想法，安排他负责GF10/13最大时间差流水线模型机的研制工作。夏培肃为大家讲授高速电路的信号传输问题时，林琦听得非常认真，记录得非常仔细。在研制GF10/13最大时间差流水线模型机过程中，他深入计算技术研究所实验工厂的焊接车间，和工人们一起干活，他用级延迟为2纳秒的MECL 10K

器件做到了102兆赫的工作频率,其中基于级延迟为0.7纳秒的F100K ECL器件的乘法器可以工作到180兆赫,这些指标都远远高于国内外在相同技术条件下实现的系统。因为这项成果,林琦获得了首届中国青年科技奖。人民日报还为他做了专题报道,介绍他从初中毕业一直到获得英国博士的成长经历和他完成的高速流水线计算机的科研成果,并称之为"林琦速度"。

胡伟武也是夏培肃花了很多精力培养出来的优秀研究生。他的博士论文重点研究了并行计算机共享存储系统中的序关系和正确性问题。胡伟武的博士论文初稿交给夏培肃之后,来来回回修改了二十多次,历时八个月。一个看来很明显的结论,夏培肃却要他给出严格的数学证明。应该说,是夏培肃手把手地教他如何做科研工作。一些非常小的细节,包括标点符号,她都不放过,可见她对工作的严谨态度。

胡伟武在计算技术研究所读博士的时候,参加了夏培肃和冯康负责的国家自然科学基金重大项目"并行计算机及并行算法"的研究工作,设计成功了基于最大时间差流水线原理的8位乘法器。后来这个重大项目获得了中国科学院科技进步二等奖。按照规定,这个

图12-1 夏培肃与胡伟武讨论问题(1991年)

项目只有九个人可以获奖，由于参与的单位和人员比较多，胡伟武加入课题组的时间又比较晚，他在成果完成人中的排名是第十位。夏培肃是项目负责人，理应排在第一位，但是，在成果报奖的时候，她觉得工作主要是年轻人做的，应该给他们更多的获奖机会，就在报奖名单中把自己的名字去掉了，这样，胡伟武的名字就上升到第九位，得到了奖励。这个二等奖，对于一个研究生来说，是非常珍贵的。

夏培肃还鼓励胡伟武要立志为中国的计算机事业做贡献。胡伟武毕业时，计算技术研究所收入很低，博士毕业生一个月的工资才几百元人民币，比在外企工作的同学低得多，当时胡伟武的很多同学不是出国就是到外企去工作。但是，夏培肃和学生谈得最多的还是要为国家服务，她对胡伟武说，不能只考虑一时的工资高低，要立志于为我国计算机早日赶超世界先进水平做贡献！

正是在夏培肃的鼓励下，不少学生提高了对国家计算机事业的责任感。胡伟武后来一直坚持做龙芯CPU，也和夏培肃的教导有着分不开的关系。2002年，胡伟武团队设计完成了我国第一款通用CPU芯片——龙芯1号，他在龙芯1号的每个硅片上都刻上"夏50"的字样，以纪念恩师回国从事计算机事业五十周年。2013年，胡伟武团队设计完成了龙芯1C芯片，又在该芯片的每个硅片上都刻有"XPS90"的字样，以纪念恩师九十岁寿辰。

夏培肃不限制研究生出国，她有不少研究生都去了美国，她认为到美国去继续深造，然后回国工作或进行学术交流，对国家是有利的。

李国杰是1978年的研究生，他报考的导师是中国科技大学郑世荣。在科技大学学完基础课后，1979年他来到计算技术研究所，由夏培肃和韩承德指导硕士论文。李国杰的研究课题是当时国外比较流行的一种并行计算机结构，称为脉动阵列（systolic array），夏培肃阅读了李国杰的论文之后，推荐在《计算机学报》上发表。

夏培肃从来北京讲学的美国普渡大学黄凯教授那里了解到普渡大学有一个奖学金名额，就计划推荐李国杰去那里读博士。据李国杰回忆：当夏培肃找他谈话时，他还没有特别急迫地想出国，他问夏培肃出国要几

图 12-2　夏培肃与李国杰合影（2006年）

年？要是两年左右就去，要是四年就不去了，因为他觉得自己年纪已经不小了。夏培肃听后笑了，说这是一个难得的好机会，你还讲条件？终于她把李国杰说服了。李国杰去美国是以自费公派的名义，于是夏培肃又和中国科学技术大学联系，让学校解决他去美国的路费和置装费。对李国杰来说，这是他人生的一个重要转折点，如果没有这一次出国，他后来的工作将完全不一样。李国杰在美国学习很努力，发表了多篇高水平的学术论文，在国际上被广泛引用。李国杰获得博士学位后回国，和夏培肃一起工作，后来又承担了国家"863"任务，负责研制成功"曙光"系列高性能计算机，担任中国科学院计算技术研究所所长，并当选为中国工程院院士。

夏培肃培养研究生有一个基本原则：研究生来了以后，不是一上来就分配他参加自己的课题，而是先问他自己有什么想法，如果研究生自己有想法，夏培肃就尽量满足他的要求，让他自己去创新。假如研究生自己没有想法，才给他分配任务。夏培肃曾经有一个叫余力的研究生，就有自己的想法。他在研究生院听课，对人工智能非常感兴趣。可是夏培肃的课题组不研究人工智能，她就将他推荐给中国科学院自动化研究所搞人工智能的一位老师，进行联合培养。后来，余力用人工智能的原理来研究印制电路板的自动布线问题时，夏培肃还为他提供了印制电路板的布线规则和电路，余力用人工智能的方法完成了一小块印制电路板的自动布线，也就完成了他的硕士论文。

沈晓卫是1990年从中国科学技术大学硕士毕业后来计算技术研究所跟随夏培肃读博士的。他参与了BJ-01并行计算机鉴定前的一些准备工作，为计算结点编写了一个基本数学函数库。后来，他到香港大学做联合培养的博士研究生。在香港期间，他除了学习、科研外，又申请了美国的一些学校，并拿到了麻省理工学院（MIT）的录取通知书和全额奖学金。按照联合培养的规矩，他在香港学习期满后，应该回到计算技术研究所，完成最后的论文和答辩，中途是不能擅自出国的。因此虽然他拿到了麻省理工学院的录取通知书，也不敢声张，私下找到夏培肃，征求她的意见。夏培肃非常开明，为他可以进入世界一流大学攻读博士学位而感到高兴。当时国家对因私出国留学卡得比较紧，需要办很多手续、盖很多图章，夏培肃在办出国手续方面帮了他很多忙。沈晓卫回忆起这段往事，感慨良多，说："夏先生对学生真是好，现在我还清楚地记得那一天她陪我一起骑着自行车到海淀公证处办理出国公证的情景。"

沈晓卫在麻省理工学院学习非常紧张，终于获得该校的博士学位。接着他进入美国IBM公司的沃森（Watson）实验室工作，该实验室是国际上最有名的计算机研究中心，能够去那里工作是很不容易的，夏培肃很支持他，为他写了推荐信。后来，沈晓卫先后担任了IBM公司在北京的中国研究院的院长、IBM公司大中国区首席技术官。

周知予是夏培肃亲自指导的最后一位博士研究生。她2001年博士毕业后进入设在北京的美国朗讯公司贝尔实验室工作，并一直和夏培肃保持着联系。周知予曾在文章中写道：

> 我读博士的时候夏先生已经是七十多岁的老人了，可是她对我的学业却非常关心。记得那时夏先生指导我写论文，反反复复修改了许

多次，每句话，甚至是每个标点符号，她都会用红笔做上标记，和我讨论，让我修改。记得那段时间夏先生身体不是太好，每天都到计算技术研究所的医务室输液，我们就在医务室见面，她会把稿子带上，把需要修改的地方，详细地给我讲清楚。然后我改好稿子后，她再审阅一遍。最后这篇论文终于在《计算机学报》上发表了，夏先生坚持把我放在第一位作者上，但是实际上这篇论文的创新思想却是她提出来的。记得那时，我的一位师兄经常说起夏先生给他们讲课是多么的细心认真，从最小的晶体管讲起，到复杂的大规模电路，可以让听众完全理解。那时，我总是很羡慕他们，感叹自己怎么没早生几年，这样就可以听到夏先生讲课了。但是我现在回想起来，却很感激在那样的时间和情况下遇到夏先生，正是她指导我做论文的过程，让我学习到她身上治学严谨的态度，以及提携后辈的作风。这对于我来说是非常宝贵的财富，让我在后来的工作中，受益匪浅。

在生活中，夏先生总是保持着勤俭的作风。我的印象中，她一直住在北京大学校园的一座老宿舍楼里。家里没有太多装饰，在很多书籍中，专门开辟出一块地方摆放着夏先生的学生从世界各地给她寄来的贺卡。有一年冬天，宿舍楼的供暖不是太好，家里非常冷。可是她并没有什么怨言，也没放在心上。我去她家时，她兴致勃勃地给我看刚收到的贺卡。夏先生和杨立铭先生相濡以沫，在北大这个家里度过了许多岁月。他们家的客厅里摆放了许多书，每晚看完新闻联播后，夏先生和杨先生就开始读书。这样简单而清净的生活，使他们在各自的领域里都取得了非凡的成就。在杨先生去世后，我曾去看望过夏先生，她很坚强，告诉我已经把杨先生的专业书刊都捐给北京大学了，她在我们面前没有表现出失去亲人的痛苦，但我却能感到她对杨先生深深的怀念。

夏先生对我的生活也很关心，不管是结婚还是生小孩，都让她操心不少。记得我刚生完小孩，夏先生专门让她儿子开车，到我家里来看望，还给我送了很多母婴用品。那是冬天，刚下过大雪，路很湿滑，我们家离夏先生家很远，开车要将近一个小时。夏先生腿脚已不是很灵便了，她儿子搀扶着她走。这样的年纪，这样的天气，夏先生来看我的小孩，真是让我的感激无法表达。每年我带孩子去看她老人家时，她都非常开心，会给小孩准备礼物，和小孩一起玩，一起照相。去年孩子生病住院了，她也是非常担心，几番打电话问我情况。后来孩子病好了，她才放下心来了。

就是这样一位令人尊敬的老师，不求名利，却人格高尚。正因为如此，夏先生获得了很多荣誉，然而对她来说学生们能取得成绩是她最大的快乐。很惭愧，我没有做出什么成绩让老师开心，倒是让老师经常操心。

夏培肃的研究生如果有论文被在国外召开的国际会议接受，她总是想办法给他们筹集出国费用，使他们到国外去开阔眼界，同时在国际学术舞台上亮相。

夏培肃的研究生经常在国际会议和期刊上发表论文，但她从来不允许学生在文章上随便署她的名字。按理说，即使是在国外，学生写论文，把导师的名字署在后头，甚至署在前头，都是比较常见的。但是夏培肃从来不这样，除非在这篇论文中有她实质性的工作。在这方面她非常求实，这种实事求是的精神对学生的影响非常大。

夏培肃的课题组里，每周都有一次讨论班，有时请外单位的人来讲，有时她本人讲，或团队里的人讲。在自然科学基金重大项目的研究过程中，鉴于课题组内新人较多，大部分年轻人都没有设计和实现高速电路的经验，她决定尽快把这批年轻人培养出来。于是，利用课题组每周一次讨论班的半天时间，已近七十高龄的她在计算技术研究所南楼615的大办公室里，用一块黑板和一支粉笔，亲自给大家讲授了"高速计算机电路设计"课程。虽然听课的都是自己不同阶段的学生，有毕业的，有在读的，人数也就十来个，但夏培肃的备课和讲授仍然非常认真，用词、板书也简练精准。大家不禁联想到五十年代夏老师在计算机训练班上授课的情景，自己能跟那些计算机界的前辈一样，聆听夏老师的讲课，都兴奋异常。不过，虽然这些听课的年轻人大都是著名高校的高材生，夏老师讲的内容却

第十二章 研究生培养

图 12-3　夏培肃在计算所会议室（2007 年。左一计算所副所长徐志伟，左二夏培肃，左三施巍松，左四李国杰，左五韩承德）

是他们从来没有接触过的。课程从大学一年级"普通物理"里曾经提到过的 Maxwell 电磁场方程组讲起，深入剖析了传输线理论、特性阻抗的概念、全局特性阻抗匹配的重要性、阻抗失配对信号波形的影响、串扰的形成与避免方法、流水线电路的设计方法、锁存器比六门触发器的优越性、最大时间差流水线的原理，等等，使大家受益匪浅。这些概念或思想都是夏培肃在几十年的科研和工程实践中总结提炼出来的，在当时的教科书里没有系统的介绍。

夏培肃在培养研究生的过程中，自己也学习了很多与研究生的论文相关的资料，她认为培养研究生的过程，也是教学相长的过程。

夏培肃对她的研究生满腔热情，她希望青出于蓝而胜于蓝。她深知中国的计算机要进入世界先进行列，不是自己这一代人所能完成的，她希望她的学生或学生的学生能够做到。她认为中国人要攀登世界科学顶峰，需要形成人梯，那些具有攀登愿望的人，才可以成为人梯的一部分。她愿意

图 12-4　夏培肃从教五十周年纪念（2003 年。前排左一胡伟武，左二夏培肃，左三唐志敏，左四解咏梅，后排左一王海霞，左二赵继业，左三许彤，左四肖俊华，左五周旭，左六张戈，左七郑为民，左八庄泗华，左九王剑，左十张福新）

为后来人铺路，让后人踩在她的肩上爬上去。现在，使她感到欣慰的是，计算技术研究所研制的高性能计算机曾三次进入世界超级计算机五百强的前十名，其中一次为五百强的第二名，而国防科学技术大学研制的高性能计算机曾多次进入世界超级计算机五百强的第一名，这些成果都使她很高兴。然而高性能计算机的应用还不够令人满意，包括计算技术在内的交叉学科的发展还很不够，这些都使她在不断思索。

第十三章
学术交流

夏培肃除了做科研和培养研究生外，还参加了不少和计算机有关的学术活动。包括出版学术刊物、参加和主持国际学术会议，以及在不同场合做学术报告和与计算机有关的科普报告，参加计算机的成果鉴定会、国家自然科学基金评审会、国家自然科学奖评审会等。下面将叙述一些她参与的主要学术交流活动。

国内学术交流

主编《英汉计算机辞典》

1977 年，夏培肃与许孔时等合作，主编《英汉计算机辞典》，1984 年由人民邮电出版社出版，被香港三联书店影印。

该书主要阐明计算技术术语的基本定义和含义，内容包括计算机理论、计算机硬件、计算机软件和计算机应用、各种系列机、巨型机、微型机、外围设备、计算机网络、数据通信、数据库、软件工程、操作系统、磁记录技术、信息存储技术、计算机元件及工艺、计算机图形学、计算机图像处理和人工智能等方面的词条。共约一万二千条，全书共一千二百多页。

正是意识到专业术语的定名和解释工作的意义重大，夏培肃花了很多时间来编撰《英汉计算机辞典》。虽然很多专家都参与了这个辞典的编写工作，但最后定稿是由夏培肃负责的，她对英文翻译成中文的用词是否恰当、正文的解释是否清楚，包括标点符号，都仔细把关。这么做的原因，一方面是出于她严谨治学的习惯，另一方面也是希望这个辞典能够真正成为启迪后学的工具书。

该书于1988年获全国优秀科技图书二等奖。

创办《计算机学报》

上世纪七十年代以后，我国计算机的应用范围逐渐扩大，计算技术专业人员的数量和水平逐渐提高，在这样的背景下，需要有专门的刊物来发表和记录中国计算技术科技人员在计算机领域的研究成果，供同行参考与交流。1978年，中国科学院计算技术研究所和中国计算机学会共同推荐夏培肃创办《计算机学报》，并担任主编。为了办好这个刊物，夏培肃花费了很大精力。首先，她邀请了一些在计算技术各个领域造诣较深的专家组成编委会。在创办初期，她定期召开编委会，讨论如何办好《计算机学报》。该学报以中文形式与国内读者见面，同时以英文摘要形式为国际各大检索系统提供基本的内容介绍。作者稿件投来后，要经过两位同行专家评审。专家们评审都很认真，有的稿件退稿，有的稿件需要修改后再评审，甚至多次修改。评审通过后，还要经过夏培肃最后审阅，特别是英文摘要，她花的时间最多。不少作者的英文不很好，她还得为他们修改或重写。

《计算机学报》是我国计算机界最有影

图 13-1 《计算机学报》封面（2012年）

响的刊物，曾多次获奖。文章的英文摘要被国际多种检索刊物收录，包括美国的 *EI*、英国的 *SA*、美国的《数学评论》、日本的《科技文献速报》、俄罗斯的《文摘杂志》等。

创办英文学报 JCST

为了扩大中国计算技术研究成果在国际上的影响和促进计算技术的国际交流，1986 年，夏培肃又被中国科学院计算技术研究所与中国计算机学会推荐创办 *Journal of Computer Science and Technology*（*JCST*），并担任主编。

因为 *JCST* 是国际性学术刊物，需要国际化的编委会，除了中国的计算技术知名专家外，夏培肃还邀请了不少国外计算技术方面的知名教授作为编委。

JCST 创刊号出版后，国际上的评价较好。夏培肃有时会把一些写得较好的文章交给国外编委评审，利用这样的机会让国外专家了解中国的优秀科研成果。这个刊物在国际上逐步产生了影响，甚至还有外国人投来稿件。

这时候夏培肃已经不再担任《计算机学报》的主编了，她开始把大部分精力倾注到 *JCST* 上。作为英文刊物上刊登的稿件，不仅要看文章写得是否有学术水平，还要看英文表述，英文要是不通顺，即使刊登出来，人家也看不明白。那时，中国学者的英文水平还没有现在这么好，许多稿件的英文确实比较差，不但关键问题说不清楚，甚至连摘要都很难看懂，差不多每篇文章的摘要夏培肃都要亲自修改，如果文章本身的英文表述也要修改的话，就更费劲了。夏培肃一个人的精力实在顾不过来，后来专门找了一个人来帮忙修改英文。

通过夏培肃等人的努力，*JCST* 在国际

图 13-2　*JCST* 封面（2013 年）

上的影响逐步扩大，刊登的文章在国际上多次被引用，*JCST* 已被美国的 *SCI*、*EI*、《数学文摘》、*Computing Reviews*，英国的 *INSPEC*、*Computer Abstract*，德国的《数学文摘》、*DBLP*，日本的《科技文献速报》，俄罗斯的《文摘杂志》等国际检索系统收录。

参加《计算机科学技术百科全书》的编审

上世纪九十年代中期，中国计算机学会与清华大学出版社合作，启动了编撰《计算机科学技术百科全书》的工作。当时的计算机学会理事长张效祥任主编，夏培肃作为五个副主编之一。该书的第一版她负责计算机体系结构分支的最后编审定稿，第二版负责计算机体系结构分支和计算机硬件分支的编审定稿。

《计算机科学技术百科全书》每个分支有自己的主编和编委小组，各个分支的框架（主要指收录的词条名称及其隶属关系）是由分支编委会确定的，词条撰稿和初审也由分支编委会负责，通过初审的词条最后交由百科全书的分管副主编终审定稿。

按照常规做法，既然词条已经通过分支编委会评审，存在的问题就不会太大了，分管副主编只要审阅一下，如果没有原则性错误，就可以放行了。但夏培肃花了很多精力，对每个词条都做了仔细的审查。她觉得百科全书是个传世性的工具书，如果出现问题，可能会影响后来的学者对计算机概念的理解，所以她审稿和修改都非常认真。当她发现词条的内容有错时，有时就把写稿人找来，告诉他错在何处。如果稿件的质量太差，她甚至将稿件重写，署的还是原作者的名字。

词条审查中发现的问题，大都是描述不准确或措辞不严格，但也有少数词条在基本概念方面都有问题。有些词条，夏培肃认为写得不好，而自己又不很熟悉，她就另外请熟悉这方面的专家去改写或重写，并要求负责改写的专家在原稿作者后面署名。这一方面是对改写专家工作的尊重，另一方面也体现了改写专家对词条内容正确性应负的责任。

因为计算机体系结构和计算机硬件涉及的范围很广，夏培肃也偶尔会遇到一些难以判断正确性的问题，这时，她会及时向那些有可能比她更了解情况的人士询问，并不介意自己的老前辈身份。她的学生们也经常成为她咨询的对象。

香山科学会议

在攀登项目的研究和管理过程中，夏培肃深深体会到，高性能计算机的开发和应用关系到国家的整体实力，应该成为国家的重要战略目标之一。为了向国家有关部门领导和专家宣传和倡导这样的理念，以进一步推进我国高性能计算机的研制和应用工作，夏培肃联合国家并行计算机工程技术研究中心从事高性能计算机系统研制的金怡濂①院士、应用物理与计算数学研究所从事高性能计算机应用研究的周毓麟院士，共同申办了以高性能计算技术为主题的香山科学会议。

1998年，该会议在香山饭店召开，夏培肃在会上做了主题综述报告《高性能计算技术展望》。报告介绍了国际上高性能计算机的发展和应用情况，今后会如何发展，会面临哪些困难，并且展望未来的高性能计算机会是怎么样的。为了准备这个报告，夏培肃查阅了很多国外资料，把美国如何发展高性能计算机的国家计划介绍得非常清楚。同时还介绍了国外的高性能计算机对该国军事、经济所起的作用，而这些在我国还是远远没有做到的。报告把高性能计算技术的重要性讲得非常透彻，最后得出的结论就是高性能计算机的研制不是企业行为，而应该是国家行为，因为它是一个国家实力的表现。

夏培肃的报告和观点得到了与会代表的一致认可。香山科学会议参会者除有攀登项目各课题组的主要技术骨干外，还有国内从事高性能计算技术研究与应用的各单位代表共一百余人，会议对高性能计算机体系结构、高性能计算机系统软件、高性能计算机应用与算法、新型计算机等专题开展了深入的研讨，取得了很好的效果。

---

① 金怡濂，我国高性能计算机领域的著名专家，中国巨型计算机事业的开拓者之一，为我国在世界高性能计算机领域中占有一席之地做出了重要贡献。获2002年度国家最高科学技术奖。

图 13-3　夏培肃与金怡濂讨论问题（1998 年）

会后，夏培肃和金怡濂院士向中央呈送了一个报告，希望我国发展超大规模集成电路。他们指出，如果只靠购买外国的芯片来做计算机，我国将永远受制于人。

国际学术活动

1985 年英美之行

由于夏培肃在计算技术方面的贡献，1985 年，夏培肃收到英国赫里奥－瓦特大学[①]（Heriot-Watt University）来信，通知她该校在以蒸汽机发明者瓦特命名一百周年时，授予她名誉科学博士学位，希望她于 1985 年

[①] 赫里奥－瓦特大学位于爱丁堡市郊，是一所具有一百多年历史的英国国立大学。校名是为纪念在金融和技术方面做出巨大贡献的两位苏格兰先锋，即英国皇家著名金融家乔治－赫里奥与蒸汽动力研究先驱者杰姆斯－瓦特。赫里奥－瓦特大学在精算数学、光电子学和激光、建筑环境、石油计算机等领域拥有一流的研究中心，是苏格兰在学术与工业合作上最成功的大学。

第十三章　学术交流

11 月去英国接受该学位。夏培肃看到信后很高兴,认为一个人如果对自己的国家做过有益的工作,也会受到外国人的尊重。当她将此事告诉华罗庚先生时,华先生说:"这不仅是个人的荣誉问题,是英国人对中国人的友好表示,而更重要的是因为中国开始强盛起来了。"这使夏培肃深受教育,认识到只有祖国强盛,才有个人的荣誉。她联想到中华人民共和国成立前在英国所受到的种族歧视,更是感慨万千。

去英国接受名誉科学博士学位需要有去英国的路费和在英国的生活费,当时国家的外汇紧缺,不能解决夏培肃所需的费用。后来她了解到中国科学院和英国皇家学会有交换教授的协议,由英国皇家学会提供科学家在英国的费用,中国科学院解决去英国的路费。夏培肃根据该协议,申请去英国讲学,获得批准。

夏培肃到英国后,一直由英国皇家学会接待,从飞机场到英国各地,一直到离开英国,都由他们负责安排。因为赫里奥-瓦特大学在爱丁堡,所以夏培肃到达伦敦后,便直接去了爱丁堡,赫里奥-瓦特大学安排了一位教授专门陪同她参加在该校的活动。爱丁堡大学是夏培肃的母校,该校

图 13-4　夏培肃获赫里奥-瓦特大学名誉博士学位(1985 年)

也安排了一位教授专门陪同她出席在爱丁堡大学的活动。

赫里奥－瓦特大学是以工科为主的大学，它有十个系和研究单位为英国的北海油田服务。夏培肃在国内和石油部合作过，因此对该大学在石油方面的工作很感兴趣，当她参观一个研究中心时，中心主任对她说，只要给他们一杯海水，就可以化验出该海水来自何处。夏培肃感到他们的研究工作做得很细致，不知国内的研究部门能否做到。

这一年，赫里奥－瓦特大学授予了四个人名誉博士学位，除了夏培肃以外，还有她的导师塞伊教授、比利时的普里高津教授（1977年诺贝尔化学奖获得者）和法国的一位文学家。

夏培肃获得名誉科学博士学位后，在赫里奥－瓦特大学和爱丁堡大学做了三次学术报告；之后前往曼彻斯特，参观了曼彻斯特大学，与该大学计算机系教授讨论了计算机方面的学术问题；然后，夏培肃赴伦敦参观了英国皇家学会。完成在英国的全部访问后，夏培肃用在英国省吃俭用节余的钱买了一张廉价飞机票飞到美国。

同时期，杨立铭在美国耶鲁大学当访问教授，学校为他安排了一套住房，并且支付工资，所以夏培肃到了美国就可以在这里落脚。在美国，夏培肃除了与CDC公司谈判合作事宜外，还参观了泡在液氮里散热的Cray-2超级计算机，另外，还分别在明尼苏达大学和匹兹堡大学各做了一次学术报告。这些学术交流工作使英美等发达国家开始逐步了解我国的计算机发展情况，尤其是中国科学院计算技术研究所在高性能计算机方面的科研工作。

太平洋地区计算机教育会议

1988年，夏培肃在上海主持了亚太地区计算机教育会议，担任大会主席，并在开幕式上致辞。参加这次会议的人很多，坐满了整个会场，其中大部分是中国人，也有一些外国人。会上有很多人做报告，讲他们在计算机教育方面的成果。

虽然大会开得比较成功，但是夏培肃觉得中国的科研人员在两个方面

图 13-5　夏培肃主持亚太计算机教育会议讲话（1988 年）

做得还很不够：第一是英语比较差，用她的原话来说，"有时候可以说是不堪入耳"。第二是和国外比起来，专业水平也有差距。

联想到她主编的 *Journal of Computer Science and Technology*，许多稿件的英文质量也不好，由此，夏培肃在培养研究生学术能力的同时，非常重视提高研究生的英文水平。当时的博士生基本上有一个学期全是在学英文，期末口语考试时，需要作十五分钟与自己专业有关的英文演讲。由于演讲的内容涉及专业知识，英语老师会邀请学生导师一起参加口语考试。有些导师觉得这是一个负担，但夏培肃不这样认为，只要有自己的学生参加考试，夏培肃都会亲自参加，听一听，并提些建议。夏培肃从来不认为学生多花时间学英文会影响科研工作，也从来不担心学生学好了英文以后就要去考 TOFEL、GRE，申请出国，相反，她认为学好英文对科研工作只有好处而没有坏处。

中美信息科学发展趋势研讨会

1995 年，夏培肃与美国哈佛大学的孔祥重（H. T. Kung）教授共同主持了中美信息科学发展趋势研讨会，夏培肃担任会议中方主席，孔祥重担任美方会议主席。孔祥重是美国工程院院士和台湾"中央研究院"院士，因为曾提出了计算机的脉动阵列结构，在国际上颇有名气。孔祥重做美国军方的研究项目较多，他带来的美国代表团的成员都是美国海、陆、空军方面的代表人物，他们想来了解中国计算技术的情况。

会上，孔祥重做了两个报告，分别是关于高性能计算机体系结构和他当时正在研究的高性能计算机通讯网络问题。美国海军有一个研究人员也做了一个报告。

中国没有军方的专家参会，但夏培肃请来做报告的中方专家都是很有水平的，包括从事机器证明的数学家吴文俊院士、从事汉字激光照排研究和产业化的王选院士、研究指纹识别理论和应用的石青云院士、从事通信网络研究的陈俊亮院士、介绍"863"高科技计划中信息领域计划的汪成为院士、研究计算机程序语义的李未院士等，他们都是当时代表中国最高水平的专家，讲的也都是已经公布的工作。作为大会主席的夏培肃很好地完成了这次学术交流工作。

报告会后，孔祥重参观了一些单位。当他参观中国科学院计算技术研究所时，专门到夏培肃的科研组了解情况。他说他们自己的科研工作和夏培肃科研组的工作差不多，于是和夏培肃签订了一个合作协议，但该协议后来一直没有执行。

香港之行

1994年，夏培肃应王宽诚教育基金会的再三邀请，去香港大学讲学，并做两次报告，一次是学术性的，内容是最大时间差流水线和并行计算机BJ-1的体系结构；另一次是科普性的，题目是"中国古代的计算技术"。为了准备这个科普报告，夏培肃阅读了很多资料，复印了一些图片，还自己画了不少示例图片。材料准备得差不多后，她先在课题组的讨论班上试讲了一次，既给课题组成员作一次科普报告，更重要的是听听大家的反映，看这样的题材和讲法，对具有一般科学常识的普通公众是否能够接受和理解，这也体现了一个有着几十年科研经验的老专家在讲新课题时仍然坚持的一贯严谨、踏实的作风。

在科普报告中，夏培肃讲了伏羲氏的八卦与二进制数的关系。中国在远古时代就有"阴"和"阳"的概念，表示阴和阳的符号称为"爻"，所以爻是一个只有两个元素的集合，爻就是一个二进制位。1679年，德国数学家莱布尼兹（Leibniz）发表了关于二进制数的论文，现在都认为二进制数是莱布尼兹首先提出的。但莱布尼兹研究《易经》后，指出：若令阴爻为0，阳爻为1，则八卦和六十四卦分别表示0到7和0到63的全部二进制数。莱布尼兹在他的文章中说："伏羲氏在八卦中使用了二进制算术。"因此夏培肃认为可以得出这样的结论：二进制的位是中国人首先提出来的，而用"0"和"1"表示二进制的两个值则是莱布尼兹首先使用的。

夏培肃在回忆计算机初创时期给那些基本术语翻译定名时，不无遗憾地说："二进制位的英文名字是bit，当时我翻译成'位'现在沿用下来了；台湾地区翻译为'元'，一直在使用；其实这两种译名，也许都不如译为'爻'更为确切。"

夏培肃在报告中还介绍了在中国使用了两千多年的算筹的功能及其对中国古代社会发展起到的重要作用。另外，她还介绍了是中国首先使用负数，以及算盘的情况等。

课题组的同志们虽然都是计算机专业科班出身的，但对演讲的内容还是感觉到新奇、有趣，大开了眼界，也对中国古代科学家的聪明才智产生了由衷的钦佩。

这样精心准备的报告，在香港演讲时受到欢迎，香港《文汇报》曾做了专门报道，认为夏培肃对中国古代计算技术所做的专门研究是非常有意义的。

第十四章
学术无止境

夏培肃在接触到一个新领域或一个新问题时，往往要思考它是否有发展前景或是否存在更好的可能性。科研工作不是一做就会成功的，经常要经过多次失败或多次改进。根据她自己的经验，她认为一个科技人员在三十岁左右时思想最活跃。她在博士后期间，有不少新的想法，有的甚至和她的专业无关，即便有些想法没有太多实际意义。她把当时和后来的很多新想法记在一个笔记本上，可惜"文化大革命"抄家时被抄走了。

三进制计算机

在夏培肃刚开始知道计算机采用二进制数时，她就考虑二进制是否最好。她研究了三进制数，即用 1、0、-1 来表示计算机内所有的数，三进制数的运算也很简单，而且比二进制数节省器材，一个 6 位的三进制数大约相当于 9.5 位二进制数。具有两个状态的物理器件比具有三个状态的物理器件容易获得，因此夏培肃认为当时的计算机采用二进制数是合理的。

上世纪五十年代末期，苏联有人研制出三进制计算机。据报道：这种计算机运算速度快，因为节省器材，耗电量也较少，而且编程简单，但是没有被推广使用。

有人认为三进制数比二进制数更接近人类大脑的思维方式：二进制数的运算规则非常简单，但不能完全表达人类的想法。在一般情况下，命题不一定为真或假，还可能为未知。在三进制逻辑学中，符号1代表真；符号—1代表假；符号0代表未知。这种逻辑表达方式更适合计算机在人工智能方面的应用。它为计算机的模糊运算和自主学习提供了可能。

数据流计算机

在上世纪八十年代前后，美国和英国的一些知名教授研究数据流计算机，它是一种非冯·诺伊曼计算机，摆脱了传统计算机单一控制流的约束。它以"数据驱动"方式来启动指令的执行，即程序中任一条指令只要其所需的操作数已经全部齐备，且有可使用的计算资源，就可立即启动执行，指令的运算结果又可作为下一条指令的操作数来驱动该指令的执行。夏培肃对这种计算机进行过研究，了解到这种计算机的开销过大，编程困难，因此放弃了对这种计算机的研究。

剩余数计算机

计算机科学和数学是直接相关的。中国古代在数学方面的成果很多，数论中的孙子定理（国外称为中国剩余定理）是其中的佼佼者。孙子定理讲的是同余数问题。给定一组互素的模数，通过孙子定理，可以把某个数与该数对这些模数的余数一一对应起来，从而建立一种新型的计数系统，称为剩余数系统（residue number system，RNS）。剩余数系统是一种非常有趣的计数系统。我们习惯的计数系统，无论是平时用的十进制，还是计算机里用的二进制，都属于有权的计算系统，也就是说，表示一个数的各个数位所对应的数值是各不相同的。例如，在十进制系统中，个位的数字代表的数值是其本身，十位的数字代表的数值是其本身乘以10，百位的数字代表的数值是其本身乘以100，等等。而在剩余数系统里，用来表示某个数的各个余数之间，没有权重方面的差别，它们是互相独立的。这就带来了一个潜在的好处，可以消除有权数运算中的因为进位导致的延迟。

例如，如果选三个互素的模数，$m_1=3$，$m_2=5$，$m_3=7$，那么从0到104之间的105个数都可以如下方式表示：$x=(a_1, a_2, a_3)$，其中 $a_1=x \pmod{m_1}$，$a_2=x \pmod{m_2}$，$a_3=x \pmod{m_3}$，这里的 mod 表示求余运算。孙子定理既保证了原数与余数之间的一一对应关系，也建立了从余数表示恢复原数数值的方法。更重要的是，两个剩余数之间的加法、减法和乘法，都可以直接在对应余数之间进行，而且各余数之间的运算相互是独立的，没有先后次序关系，从而可以并行地快速计算。当然，剩余数算术运算也有一些不好解决的问题，如求模、比较、除法等。

夏培肃一直很关注剩余数系统在高速计算机中的应用问题。她学习了一些数论方面的书。在上世纪九十年代课题组的讨论班上，她曾经专门介绍了剩余数系统的原理、在计算机中可能的应用方式和存在的问题。她认为，如果比较、除法等运算暂时无法快速高效地实现，那么可以先把剩余数系统用在对比较和除法的需求不大的应用系统（例如各种类型的数字信号处理系统）中。

孙子定理在计算机系统中的另一个应用是并行无冲突的多体存储器访问，如150-AP数组处理机中就采用了模三的并行存储器系统。在素数模的多体存储器系统中，孙子定理可以保证在处理器给出访存地址后，唯一地确定该地址对应的存储单元在哪个体及在该体内的具体位置。

要解决剩余数计算机所存在的问题，可能需要利用数论的一些特殊理论。一般从事计算机系统设计的科研人员，因为缺少数论方面的训练，很难在这方面有所建树。每当谈到这个问题，夏培肃一直颇为遗憾，如果华

第十四章　学术无止境　　*161*

罗庚先生在创建中国的计算技术后，一直继续领导中国计算技术的研发工作，有可能在这个方面取得世界领先的成果。

量子计算机

1999 年，夏培肃的攀登计划项目结题验收后，她没有再去牵头申请新的科研项目。从这个意义上说，她逐步淡出了计算机科学技术的第一线科研工作。她所关注的计算机核心技术，无论是高性能计算机系统，还是通用 CPU 芯片，都已经由她的弟子们带着团队，活跃在国内外的学术和产业前沿，这是令她无限欣慰的。因为年事已高，她不再适合从事第一线的科研工作，但夏培肃觉得，自己还是可以做一些力所能及的事情，因此，她实际上仍然坚守在科学研究的阵地上，继续做着她自己喜欢的研究工作。

2000 年前后，量子计算机在国际上比较热门，主要是物理学家在研究，计算机专业的科研人员难以深入地理解。为了破解量子计算机的谜团，需要从计算机专业科研人员的角度观察和审视量子计算机，夏培肃在这方面有得天独厚的条件。一方面，她自己是计算机专家，熟悉计算机从器件、部件到整机的所有情况，了解计算机设计中的基本需求；另一方面，她的爱人杨立铭教授是量子力学创始人之一——玻恩教授的得意门生，也是国际知名的理论核物理学家。于是，夏培肃开始研究量子计算机。她花了大约一年的时间，阅读了一百多篇有关论文，在学习量子力学的基本概念时，有杨立铭的指点，最后，她撰写了一篇综述性文章《量子计算》，于 2001 年发表在《计算机研究与发展》上。夏培肃的论文，完全从计算机从业人员的角度出发，首先介绍了和量子计算有关的术语和符号，并着重阐明"一个 n 位量子寄存器为何能存储 2 的 n 次方个 n 位数"？"量子计算机的一次操作为何能计算所有 x 的 $f(x)$"？"对于解某些问题，量子计算机为何能有惊人的运算速度"？除了上面三个问题外，还介绍了基本的量子逻辑门和量子逻辑网络，大数因子分解的 Shor 量子算法，然后介绍了量子计算机可能的组织结构，最后评价了量子计算机的优势和弱点，并讨论了量子计算机的物理实现和对量子计算的展望。

夏培肃的这篇文章发表后，在国内计算机界产生了很好的反响，并被广泛引用。

人 体 经 络

中国的计算机事业，经过近六十年的发展，无论在基础技术、产品研发还是应用普及方面，都取得了举世瞩目的进步，但是，真正由中国人原创、受到国际普遍承认并大量应用的计算技术，却并不多见。当我国的高性能计算机进入世界先进行列后，夏培肃的注意力逐渐转向与计算机有关的交叉学科。

夏培肃成为资深院士后，由于健康原因，不再做具体的研究工作，但她对计算技术的发展仍然十分关注。夏培肃一直在思考"钱学森之问"[1]如何解决？一方面，在每次与学生谈到这个问题时，她都鼓励学生们勇于探索和创新；另一方面，她自己也一直在思考如何去破解这个难题。夏培肃受周光召院长的启发，认为如果把中国固有的传统科技文化和现代科学技术结合在一起，也许可以产生高水平的原创性成果。

夏培肃的母亲会一种特殊的针灸医术，在几十年里免费治好了很多病人。为了整理母亲的遗著，她阅读了包括《黄帝内经》在内的很多有关人体经络系统的资料，并了解到韩国在经络方面做了不少工作，曾在一次国际针灸会议上获一等奖，评奖委员会包括瑞典卡罗林斯卡医学院[2]的教授。

---

[1] 钱学森之问是关于中国教育事业发展的一道艰深命题，需要整个教育界乃至社会各界共同破解。2005年，温家宝总理在看望钱学森的时候，钱老感慨地说："这么多年培养的学生，还没有哪一个的学术成就，能够跟民国时期培养的大师相比。"钱老又发问："为什么我们的学校总是培养不出杰出的人才？"后来被称为著名的"钱学森之问"。

[2] 卡罗林斯卡学院是瑞典著名的医学院，位于瑞典北部斯德哥尔摩。卡罗林斯卡学院是欧洲一流的医科大学，以国际领先的科研水平和评审颁发诺贝尔生理学或医学奖闻名于世。

韩国为了研究经络系统，投入了大量人力和物力。为此夏培肃写了一个报告，送给计算技术研究所领导、中国科学院领导和科技部，希望我国也能大力开展经络系统方面的研究。

经络系统的物质基础是否存在，是一个有争议的问题。西医的基础是解剖学，解剖学没有发现实质性的经络系统，因而西医一般都不承认经络系统；中医中的一部分人也不认为经络系统的实质存在，认为它只是一种现象。

近年来，夏培肃了解到解放军总医院有两位专家研究了组织通道约四十年，获得电镜图片近三千张，并出版了两本专著。他们发现从腔肠动物到哺乳动物体内的各种组织、血管、神经、淋巴、细胞都浸浴于组织液之中，直接参与它们的物质、信息、能量的传递，因而使组织液流动，并形成组织液流动的通道。组织液既是细胞、组织生存的内环境，又是最古老、最重要的信息、能量、物质的传递媒介。组织液流动的通道，称为组织通道。组织通道不侵占相邻的实质细胞、血管、淋巴管、神经的位置，而是弥漫性地分布在它们之间的空间。组织通道的形态是多种多样的，例如血管附近的组织通道是有腔无壁的线状形态，眼球中的前房是有腔有壁的月牙形前水，等等。

组织通道是一种新的循环系统，与血管和淋巴管等不同，解剖学可以看到体内的血管和淋巴管，而有腔无壁的组织通道可能解剖时就被解剖刀破坏了。

这两位专家虽然做了很多工作，但已是耄耋之年，他们的工作后继乏人。

后来，夏培肃又了解到北京医院有一位年轻的心内科西医大夫凭自己的兴趣，利用业余时间，成功地建立了一种简易的荧光素示踪成像技术，把眼科临床常用来注射的荧光素钠作为示踪剂，在人体的穴位区注射，用验钞机的蓝紫光灯作为光源，通过磁共振示踪成像技术，可以实时显示活体动物和人体内有流体通道。在非穴位区注射则没有。在实验动物体内发现，这种通道不仅分布在四肢，在内脏器官中也有分布，而且和血管、淋巴管明显不同。另外，还发现肢体内通道的形态是没有管壁的流体通道，通道内的显示剂不是光滑的线条，而且有些通道还有分支。人体实验发现这种来源于穴位区的特殊通道与人体的十二经脉存在着某种相关性或者相似性。

北京医院的大夫和中国科学院计算技术研究所李华研究员合作，成功地显示了来源于手阳明大肠经商阳穴的通道，完成了它在整个上肢的三维结构重建。表明在人体内存在两种来源于商阳穴的通道：一是沿静脉管壁的向心性传送；另一是到合谷时分支，独立存在于不是皮下静脉的皮下通道。它具有抗针刺的特点，在传输过程中，可见到它分布于皮肤下，没有明显的边界。

实验说明在人体内不仅具有这类"沿静脉管壁"分布的通道，而且还可以独立存在于皮下组织内，其体表分布类似经络图谱。虽然与古典经络的关系尚无定论，但是其生理、病理功能与疾病的关系，具有重大研究价值。

夏培肃认为用先进的科学技术来研究经络系统，有可能获得世界领先的成果，并推动医学向前发展。为了支持北京医院的大夫进行这项研究，她向有关领导反映，并找了一些能提供条件的人给了帮助。

她希望国家设置专门研究这个问题的交叉学科项目。

第十五章
温馨之家 最好妈妈

琴瑟和鸣营造温馨家庭

夏培肃有一个令人羡慕的温馨家庭。她和丈夫杨立铭1945年邂逅于重庆沙坪坝国立中央大学校园，从此开始了他们半个多世纪的情缘。

夏培肃和杨立铭1951年10月回国时，中华人民共和国刚成立不久，又遇上抗美援朝，百废待兴，物质条件十分艰苦。刚开始他们两个人同在清华大学工作，住在工字厅一个很破旧的小房间。小房子没有暖气，靠自己生小煤炉烧煤取暖，烧煤炉不仅需要注意预防煤气中毒，还得有人过一段时间就加一次煤，稍有不慎就会熄火，再把火生起来又要费很多周折，他们经常为此而烦恼。

小房子里面也没有什么家具，放了一个高高的架子，日常用的东西要一层一层地堆放在架子上。没多久夏培肃怀孕了，因为拿东西经常要踮着脚尖去高处够，一不小心就流产了。

共和国成立初期，两个年轻人的工资收入很低，有时用发小米来代替工资，俩人加起来一个月能领到二百来斤小米。平时他们主要靠吃食堂，食堂伙食也比较差。

1952年院系调整，杨立铭调到北京大学当教授，夏培肃先后调到数学研究所、物理研究所工作。北京大学给他们分了一套两间的房子，那个年代家具也很难买到，物理研究所给他们发了三块长厚木板和两条长板凳，用来搭成一张大床。从这时候起，他们才算是有了个像样的家。

尽管物质生活非常艰苦，但是夏培肃夫妇对放弃国外优厚待遇、毅然回国没有丝毫后悔。对于经历过抗日战争时期艰苦岁月的他们来说，这些暂时困难又算得了什么？欣喜的是他们终于步入了科技报国的正道。

共同的理想加深了夏培肃夫妻双方的感情。他们两人都非常尊重对方，不仅尊重对方本人，也包括尊重对方的工作。在家里，他俩从来不吵架，因为都觉得时间太宝贵了，为了一些小事去吵架没有什么意义。

1955年，夏培肃生了一个儿子，起名杨丰南。1959年，杨跃年出生。夫妻俩自己没有时间照顾小孩，就请了一个保姆来带。

1962年，正值我国三年自然灾害，食品缺乏，中关村地区又很荒凉，不少人见缝插针地种了很多庄稼。种庄稼需要肥料，人们就在地旁边挖粪坑来积肥。夏培肃家的院子后面有一个菜地，旁边挖了一个用来积肥的粪坑。5月4日是北京大学校庆，幼儿园放假，因为夏培肃要上班，只有杨立铭一人在家，他为了潜心钻研，怕小孩进来吵闹，就把屋门锁上了。杨丰南进不去屋，便跑到院子里游玩。七岁的小孩子什么也不懂，在玩耍中不慎跑到粪坑旁，失足滑下粪坑淹死了。

噩耗传来，面对生命中这样一个重大挫折，夏培肃和杨立铭都异常悲痛，学校领导和所长也都赶去表示慰问。杨立铭觉得孩子的夭折，他的责任最大，为痛失爱子而深深内疚。夏培肃从单位回家后，尽管内心也为丧失爱子而沉痛万分，但是她把悲哀深深地埋在了心底。她理解和同情丈夫的心情，丝毫没有责怪她丈夫。保姆没能照顾好孩子是应该负有很大责任的，但是杨立铭夫妇没有一句指责保姆的言语。面临如此重大的灾难，一家人竟能没有一句怨言，也没发生任何争吵，这在一般家庭是很难做到

第十五章 温馨之家 最好妈妈 *167*

图 15-1　夏培肃和两个儿子（1963 年）

的。事后，保姆为未能照顾好孩子而深感歉疚，主动提出要求，离开了夏培肃家。

杨立铭夫妇则把天大的磨难化解在内心中。他们虽然失去了大儿子，夫妻间却更注意互相照顾，互相体贴，家庭关系更好了。他们以惊人的毅力，把所有的精力都投入工作上，借此来忘却这段揪心的往事。夏培肃回忆，1965 年她去农村四清时，与农民同吃同住同劳动，看到所在生产队的农民生活非常艰苦，也了解到农民家的孩子存活率一般不到一半。再想想自己失去了一个孩子，校长、所长都来家慰问，怕他们触景生情，还安排他们搬了家。相比之下，农民家的孩子更加可怜，死了就死了，没人管。慢慢地，她也就更想开了。

杨立铭在北京大学研究理论物理，不需要实验室，就经常在家里上班。因为夫妻双方都全力以赴扑在工作上，对孩子的照顾就难免不周到。他们的三个儿子基本上都是一岁半送托儿所，三岁送幼儿园全托，星期天才回家。

杨丰南夭折后，杨立铭心情一直不好。一方面由于工作繁忙，另一方面又赶上国家遇到自然灾害，食品限量供应，质量又差，夫妻俩的生活过得十分艰苦。1963 年，杨跃民出生。为了保证孩子们的营养，夫妻俩想尽了办法。最终，杨立铭因缺乏营养和积劳成疾，染上了肝炎，给这个不幸的家庭又蒙上了一层阴影。

为了帮助丈夫恢复健康，在养生知识远不如当今普及的情况下，夏培肃多方学习，了解了很多治疗肝炎的知识和常识，让杨立铭得到了精心的照顾和护理。困难时期供应的粮食，很大一部分是发生了霉变的陈米。为了家人的健康，夏培肃在深夜将发霉的大米，一粒粒地剔除干净，绝对不给家人吃长霉的食物，她还买来蜂蜜和银耳，给杨立铭炖了吃。在她精心的照料下，杨立铭的肝炎得到了有效控制。在染上肝炎近四十年后，杨立铭因头颅疾病住院手术前，进行了全身检查，结果显示他的肝既没有变大，也没有硬化，可以说是一个奇迹，这一切应归功于夏培肃的精心护理。夏培肃还主动将自己护理肝炎病人的宝贵经验，与许多肝炎病人或他们的家属分享。

1970年，当杨立铭要去江西北大"五七"干校劳动时，牵挂着丈夫的身体，夏培肃特地请了假，带着年仅十一岁的杨跃年一起去了血吸虫滋长、条件十分艰苦的干校，一起去经受生活和劳动的磨炼。虽然住在茅草房里，但他们还是很乐观，杨立铭被分配去养鸡，自称"鸡司令"；夏培肃被分配养牛，就是"牛军长"。

多年以来，不管家里发生了什么事，夏培肃和杨立铭的工作都没有丝毫的停顿。他们一般时候晚上要加班到十一二点，每周工作六天半，所以全家团聚的时间就固定在星期天下午，这半天是全家人最高兴的时候。平时，夏培肃回家晚，到家时小孩早就睡着了，第二天早上她8点钟又赶去上班，小孩还没起床；此外，在创办中国科学技术大学计算机专业时，她基本上住在玉泉路的科大，周末才能回家。所以，夏培肃平时都很少有机会看到孩子，孩子们主要靠保姆带大。

有一次小孩生病，夏培肃带他去医院看完大夫，回家安排吃药睡觉，孩子带着渴望的眼神对她说："妈妈，你多陪我一会儿吧！"夏培肃安慰了他几句，想想还有很多工作等着他，狠狠心，自己还是去上班了。

作为母亲，夏培肃总有一种说不出的亏欠感，但是，为了心爱的工作，她也只能这样。庆幸的是，即使在这种环境下，小孩受家庭的正面影响还是很大的。他们小小的年龄就能感受到父母对工作和学习的认真态度，并且无论父母工作多么忙，成名后依然在不断学习、进步，这对孩子们也是一种无形的教育，身教胜于言教吧！在家庭的熏陶下，尽管夏培肃夫妇平时没有多少时间来照管孩子们的学习，孩子们的学习自觉性和上进心都很强，令他们欣慰。

潜移默化　言传身教

在教育孩子方面，夏培肃也有她独到的办法。她从不打骂孩子，而是通过正面引导或实际事例来让孩子明白做人的道理。她会经常给孩子们讲，她小时候是怎样刻苦用功读书的；他们的父亲四岁上小学，是怎样通过用功学习保持年年全校第一的好成绩。就这样，夫妇俩日夜忙碌的身影和谆谆教诲一直伴随着孩子们的成长。

为了培养孩子的独立生活能力，夏培肃有意识地鼓励他们报考外地大学，尽早离开家里相对优越的条件。对儿子的教育，夏培肃尊重他们的兴趣爱好，顺其发展，让他们自己选择要走的路。她没有很迫切地望子成龙，而是希望他们能够成为有用的人、真正爱祖国的人。

杨立铭夫妻对孩子的教育采用了身教胜于言教的方法，使孩子们在家里受到了良好的熏陶。他们以自身的模范行动来培养孩子的学习自觉性、动手能力和勤俭节约的作风。例如，他们将大部分的精力用于潜心钻研学问，把大部分的收入花在购置书籍上。杨立铭夫妻回国前将在英国工作期间的积蓄存入了一个英国的书店。回国后，他们需要什么图书或期刊时，就会通知那个书店，去帮他们办理购置、扣款和邮寄手续。由于国外科技图书价格十分昂贵，这笔钱很快就消耗完了。杨立铭夫妻在国内工资收入的很大一部分也用在购置图书上，家里的图书装满了二十多个书柜[①]。改革开放后，一些外国同行到他们家探访时，都为他们家珍藏的图书之多而惊叹。

在这种浓厚的学术气氛熏陶下，尽管父母都无暇照管儿子们的学习，杨跃年和杨跃民兄弟俩平时都能自觉高质量地完成作业，并以优异的成

[①] 这些图书已全部捐赠北京大学物理系图书馆。

绩，双双考上国内外名牌大学。

　　为了培养儿子的动手能力，当自行车坏了的时候，杨立铭会放下手头工作，把自行车搬到家里来修。两个儿子就一起学着装自行车、拆自行车，全都学会了。平时，在家里空闲时，杨跃年就把闹钟拆开来看看再装上，家长决不会因此而训斥。有一次，学校让杨跃民做一个秤，杨立铭就教他做了一个秤，可以精确测量到一克质量，直到现在这杆秤还可以用。

　　杨跃年上初中时，老师让每个学生装一个超外差收音机，全班没有哪个学生装的收音机能响，只有杨跃年装的收音机可以响，这可完全得益于夏培肃在电路方面的功底，以及她给杨跃年的指导。杨跃年做完了单晶体管、双管收音机后，又做了四管和六管的收音机，既锻炼了动手能力，又培养了对无线电的兴趣爱好。

　　为了培养孩子的艰苦朴素作风，夏培肃用丈夫的一条旧毛裤，亲自给孩子织了件毛衣。杨跃民记得她母亲给他织的那件毛衣从三岁穿到十几岁，这件毛衣织法很特殊，居然能穿十来年。破了后，用毛线修补完之后看上去和原来的一样。别忘了，夏培肃曾经在英国织毛衣比赛中拿过大奖！

　　杨跃民小时候特别淘气，他自己会做弹弓，有一次他打马蜂窝，因为马蜂窝是很名贵的中药。不小心把别人家的窗玻璃打碎了，要赔人家。夏培肃没有责怪杨跃民，也没有找人帮忙买玻璃。当时离家最近的地方只有海淀镇卖玻璃，夏培肃就骑车带着杨跃民去了海淀镇，买了一块大玻璃，绑着放在自行车上面，杨跃民在后面扶着走。当时，杨跃民年龄小，玻璃个又大，这个活儿对他来说是很费劲的。母子二人一起，从海淀镇推着车回到家里，足足几里路，让杨跃民终生难忘。夏培肃只对他说：你打破了别人的玻璃，要赔给别人，买玻璃多费劲呀。她没有责骂儿子，而是让他明白，犯错误是要付出代价的。此后，杨跃民就注意不犯类似错误了。

　　还有一次，杨跃民在学校表现不好，老师就把夏培肃叫到学校去，当着她的面说杨跃民怎么不好怎么不好，有些话都出乎她意料。当时是"文化大革命"时期，老师都是年轻的造反派，而教授的孩子当时就是狗崽子，所以老师把杨跃民说得很不堪。夏培肃当时也没说什么，就把孩子领回家了。回家后她对杨跃民说:"你看,你在学校表现不好,妈妈听了心里很难受。"孩子也就明白了,后来就不那么淘气了。

在潜移默化的家庭环境影响下,夏培肃的两个孩子对父母都很孝顺,祖孙三代一大家子人的感情非常深,时时互相牵挂着。

当采访组访谈杨跃年和杨跃民二兄弟时,他们都异口同声地说,他们感受到"妈妈是世界上最好的妈妈"。当采访 1999 年在美国出生并一直生活在美国的夏培肃的孙子时,尽管他利用假期来北京探望奶奶只有短暂的五次,奶奶的深情厚爱,使天真的孩子脱口道出了他的心声:"奶奶是世界上最好的奶奶。"杨跃民在他爸爸去世后,辞掉了美国的工作,一直陪伴在妈妈身边。杨跃年还告诉采访人员,在一次二十来个同学聚会时,只有他们两口子和另外一个同学,仍然保持着中国国籍,拿的是绿卡,而其他同学已分别入了美国、加拿大、法国等国籍。他为没有辜负母亲"要爱国"的教诲而自豪。

图 15-2　夏培肃全家福(1999 年)

善 待 他 人

对待学生

当夏培肃知道有些导师和研究生的关系不太融洽时,她认为,应该是学生和导师双方都存在一定问题,但是导师的问题是主要的。因为,一般来说学生对老师是比较尊重的,关系不好的话,多半是导师对学生关心不够。所以，夏培肃曾多次语重心长地对年轻研究生导师说："你设身处地为研究生想想的话，关系不会搞坏的""我们对学生是有责任的""每一个人都是下一代人的人梯，合格的人梯一定要有攀登科学高峰的愿望和决心"。夏培肃是这么说的，也是这么做的。她在教学方面，耗费了大量心血，为计算机事业培养了大批人才。

为了激励学生更好地学习，夏培肃在计算技术研究所设立了"夏培肃奖学金"，她从自己的工资中，每年资助两名品学兼优、生活较困难的研究生完成学业。

夏培肃不仅关心学生的学术成长，还十分关心学生的生活和健康。例如，她的一个学生眼睛视网膜动了手术，她知道后，经常询问该学生的眼睛情况。尽管夏培肃已年近八旬，还是亲自采集了一些菊花等药草，精选晒干后，亲手缝制了一个药枕送给了她的学生。当那个学生收到凝聚着母爱的药枕时，内心久久不能平静。他一直没舍得用，而是把它作为珍品珍藏着。从夏培肃的身上，他学会了如何做人。

对待保姆

夏培肃一直把保姆当做家庭中的一名成员。她对待保姆和蔼、耐心，保姆有什么困难，她总是力所能及地给予帮助。例如，有一位老保姆在夏培肃家做了很多年，年龄大了，想辞去保姆工作回老家养老。夏培肃就支持她的想法，并按月给这位保姆寄去生活费，直到这位保姆逝世。另一个保姆要回家探亲，因为她的老家离北京很远，夏培肃就让杨跃民给保姆买了来回飞机票，减少了保姆的经济负担和旅途辛劳。得知这个保姆的父亲生病住院，夏培肃就帮助她父亲支付了住院医药费。这个保姆的孩子在老家上学，没人照料不放心，夏培肃就安排让杨跃民帮助联系双榆树中学，并给小孩买好来京机票，后来因为小孩对北京生活不适应，在双榆树中学念了一段时间书又回去了。诸如此类的事例很多，在夏培肃所在的家属区，她家的声誉有口皆碑。因为夏培肃家的种种突出表现，曾被评为"北京市五好家庭"。

自 强 自 立

一位女性要实现工业报国的理想，不论在国内还是国外都是一个难题，特别是在男女平等观念没有深入人心前。就拿英国这个发达的资本主义国家来说，夏培肃前往留学时，英国人也没有女性学工科，她留学的英国爱丁堡大学电机系没有一个女同学，更不要说女研究生了。夏培肃是那个大学工学院唯一的女生，所以当时她一去，新闻记者都来了，照相采访，然后登报上新闻，引起轰动；当时，国内的情况也大体如此。夏培肃在那个年代能立志工业报国是要有很大勇气的。

即便是现在，女性在科研工作中仍然是少数派，女院士在中国科学院院士中仅占 6% 左右的比例。夏培肃认为，各行各业杰出的女性都比较少，这个问题在国内应该受到重视，同时女同志自己也应该自强努力。

一位女性要兼顾事业和家庭，又是一个不容易解决的难题。夏培肃认为，其实很多女同志是非常优秀的，只是没有机会来发展自己的能力，很多很优秀的妇女才能都被埋没了，这既是个制度问题，又和中国的传统观念相关。国家应该从制度层面上来考虑这个问题，以便让妇女发挥更大的潜力。而从个人的角度，要解决这个难题有两种选择：一种选择是终身都不结婚，国内外有些很有名的女教授就如此；另一种选择是夫妻双方有共同的兴趣，有共同的理想，这也是夏培肃的选择。她觉得，共同的理想是最重要的，双方的感情好，能够尊重对方，不仅是对方本人，还有对方的工作，双方相互支持对家庭的影响就会降到最低。

夏培肃曾经对后辈的女科技工作者提出过"四要四不要"的勉励。其中的"四要"是：第一要有理想；第二要勤奋执着，不管遇到什么困难，都不害怕，也不怕失败；第三要诚信，不要搞虚假的一套，一定要遵守科学道德；第四要有自知之明，应该了解自己的情况。"四不要"是：第一不要自卑，不要觉得自己不行；第二不要自负，不要太骄傲，即使有能力也要谦虚；第三不要刻意去追求名利，有些人把钱把地位看得很重，只想发财，只想出名，其实那是没有必要的；第四不要错过结婚和生育的年龄，女同志还是应该有个幸福的家庭。

像夏培肃夫妻那样能双双成为中国科学院学部委员（院士），就更加不容易。对夏培肃来说，她热爱科研，需要在科学事业上努力攀登；同时，作为母亲，她又要忍受困难时期早年丧子、丈夫有病、两个儿子需要扶养的种种艰难和打击。因此，做一个成功男人背后

图 15-3　夏培肃在工作（2000 年前后）

的成功女人，她真是难上加难！夏培肃就是一位以惊人的毅力、胸怀科技报国的宏伟大志，艰辛地、一步一步地登上科学高峰的伟大女性。

相携终老

夏培肃为中国计算技术的创建和发展奉献了一生，她无时无刻不在想着计算机，在她进入耄耋之年时，对计算机仍然充满激情。为了计算机，夏培肃放弃了年轻时所有的爱好。时间对她来说，实在太宝贵了。计算技术研究

图 15-4　与杨立铭在北京大学（1991 年）

所曾多次安排她去青岛、庐山疗养，她都因为时间安排不开，没有去。

杨立铭和夏培肃夫妇自从 1951 年回国，几十年来，一直在科研第一线辛勤地工作，做出了出色的成绩。杨立铭在原子核理论方面的研究，取得了重要成果，得到国际同行的高度评价，他的工作使中国在国际原子核理论物理领域中占有一席之地，当选院士是必然的。夏培肃在计算机领域辛苦耕耘，有很高的同行评价，她自己并没有在意院士头衔，反而是王大珩和师昌绪两位学部委员听说了她的贡献，经过调查，直接找到她，请她提供简历、主要工作和十篇发表过的学术论文，经过审阅，最后主动进行推荐。

一位是著名物理学家，一位是计算机研究领域的泰斗，1991 年夏培肃和杨立铭夫妇双双当选为中国科学院学部委员（1993 年改称为中国科学院院士），被尊称为"科苑双星"。他们是那一年当选的唯一一对夫妻，当时在科技界传为佳话，但是他们拒绝了不少记者的采访，不希望在社会上引起太大的反应，从而影响自己的工作。

1993 年 7 月 16 日，《科技日报》上发表了著名书法家兼诗人张飙同志专

图 15-5　学部负责人师昌绪（右）授予夏培肃学部委员证书（1992 年）

门为夏培肃夫妇写的一首七律，可算是他们几十年科研、生活的真实写照：

风雨爱恋一世浓，灵犀常伴壮行程；
醇醇魂追恩师诲，挚挚心涌赤子情。
师抚幼树成巨树，我献此生托后生；
科海携手浪最处，万里波涛弄潮声。

为了工作，夏培肃和杨立铭把他们的孩子从小就送托儿所和幼儿园全托。他们的小儿子一岁半时就送到私立托儿所全托，（当时中国科学院和北京大学没有全托的托儿所）私立托儿所的费用很高，每月几乎花掉她的全部工资。

夫妇俩虽然工资不低，但是他们的生活并不宽裕，日子过得极其简朴，家具和日常用具都是实用为主。杨立铭用他工资中的很大一部分来买他工作所需要的书，包括到国外去买原版书，他还订购多种期刊，包括原版期刊。杨立铭去世后，夏培肃将他的英文专业书籍三百七十八册和英文专业期刊约二千五百册全部无偿地捐赠给北京大学物理学院图书馆。夏培肃夫妇还竭尽所能帮助一些贫困亲友支付医疗费和孩子们的学费。他们从来没有想过去挣工资以外的钱，认为"不义而富且贵，于我如浮云"。

2002年1月12日，杨立铭在妻子的精心照顾下走完了人生最后一段旅程。

杨立铭去世后，夏培肃继续过着恬静平淡的生活。虽然对杨立铭深深的思念使她精神大不如前，但是在同龄人当中，她依然可以说是思维清晰，身体健康。杨跃民在父亲去世后，回到国内工作，方便照顾母亲，杨跃年一家也会定期回来看望母亲。

计算技术研究所批准微处理器中心返聘刘凤芹作为夏培肃晚年学术活动的联系人，同时也为夏培肃保留着一间办公室。计算技术研究所召开战略规划会或者学术会议，有时会邀请夏培肃亲自做学术报告，她曾经提出诸如计算机科学与新兴交叉学科协同发展等观点，具有指导意义。

夏培肃和杨立铭几十年来一直居住在北京大学13公寓。从北大东北门进去，穿过弯弯曲曲的道路，在北大校园的东北角，有几处零零落落的老楼，掩映在古树绿草之中，13公寓就坐落在其中。这里环境优美、清静。

晚年的夏培肃备受高血压和心脏疾病的困扰，她每天不得不按时吃多种药物来降低血压，疏通脉络。同时，她保持着有规律的生活节奏和清淡的饮食。在天气晴好的时候，夏培肃会由保姆小刘扶着到楼下散步和晒太阳。她的邻居大都是和她经历学识相仿的老人，见面互相问候叙聊。

夏培肃对老科学家学术成长历程采集工作非常重视。她根据采访提纲，认真梳理了自己的经历，对于一些记忆中不确切的信息，她会和很多旧时的同事和业务伙伴进行核实，然后在接受访谈时娓娓道来，一气呵成。同时，她把仅存的资料和手稿进行整理，交付研究组，并提供了很多线索用于核实研究。

夏培肃一再向我们表示：不要宣传我个人，都是大家的功劳。她对过去的回忆，既是对自己心爱事业的牵挂，也表达了对未来的希望和期盼。

2014年，由于多年的药物作用，夏培肃的肝部和肾部都受到破坏。2

月份，她被诊断为肝硬化住院治疗。之后，她的健康每况愈下，腰部以下全部出现水肿。后来曾被怀疑是肝癌，但是没有确诊。

在中日友好医院 ICU 治疗的最后二十多天里，夏培肃的肾功能出现衰竭，每天要靠透析来维持，神志也逐渐模糊。最终，夏培肃病情恶化，因高龄而回天乏术，于北京时间 2014 年 8 月 27 日 11 时 10 分在北京中日友好医院逝世，享年九十一岁。

此时，也适逢书稿即将修改完成之际，夏培肃先生的猝然长逝令人黯然神伤，愿此稿忠实还原夏老一生，使夏老静心安眠……

结 语
科学精神与科学传播

　　人类从数数和计算开始，认识了数学，而后对实施计算的方法和工具开始了永无止境的追求与探索。二十世纪四十年代，电子计算机的出现，大大满足了科学技术、国防军事，以及社会众多领域的计算需求，成为新技术革命的一支主力。自幼在数学领域颇具天赋的夏培肃及时抓住了机会，在祖国最需要的时候毅然投身计算机领域，同时怀抱先祖国而后自己的人生理念，使她不仅充分发挥了自己的专业特长，研制出了我国第一台自行设计的小型通用电子数字计算机，还广泛地传播了计算机科学技术，成为我国计算机事业的重要奠基人之一。

　　中国计算机科学技术历经六十年的发展，夏培肃一直都在倾力于她所热爱的科研、教育与传播，她对中国计算机事业的贡献为人称道，她的为人处世形成特有的人格魅力，令人敬佩。

　　计算机日新月异的快速发展将人类带入了信息社会，人们生活节奏大大加快，开拓、创新、奉献，永远处在时代前沿，正是夏培肃这些能够驾驭计算机发展的科学家普遍具有的一种独特的精神气质。下文将从开拓创新、传播育人、女性科学家三个角度，探讨影响夏培肃学术成长经历的因素。

开拓创新

二十世纪中叶以后，技术发展出现了新的飞跃，一场以信息技术为核心的新技术革命开始兴起。原子能技术、航天技术、微电子技术、计算机软硬件技术、各种远程通信技术、新能源新材料技术、数字化技术和互联网技术等得到快速发展和广泛应用，社会进步步伐也大大加快，其中电子计算机技术发展具有划时代的意义。

夏培肃非常幸运地在1952年秋天被选中参加了我国第一个电子计算机科研小组，科研小组的任务非常明确：研制中国自己的计算机。夏培肃在英国时曾粗略地感觉到计算机是一个很有希望的学科，她自小爱好并专长于数学，在大学和研究生学习期间，以及工作的初期她都在致力于线性和非线性电路的研究，数学和电路知识正是研究计算机所必需的。她敏锐地察觉到在中国研究计算机是一个新的方向，有非常好的发展前景，所以义无反顾地投入到电子计算机的研究工作中。

科学探索是艰辛和曲折的，没有顽强的毅力和开放求知的精神是很难成功的。当时，国内没有人懂计算机，夏培肃也是摸着石头过河，她托同学和朋友从国外买回一些英文的计算机书籍，广泛地进行了阅读。在科研小组的三名成员中，夏培肃负责资料收集工作，凭借良好的英文功底，她最先读懂了计算机工作原理，然后马上和另外两名同事去交流沟通，并着手进行一些基本的电路试验。同时，夏培肃积极地推动科研小组的发展，她知道吴几康动手能力强，但是因为学历问题没有受到重用，就找领导帮助促成他来到计算机科研小组，她还推荐其他她认识的相关领域的人才加入研究工作，使得科研小组的实力不断扩大。

凭着对数学和电路的深厚兴趣和知识积累，夏培肃从了解计算机的工作原理开始，到设计基本电路实验，再到计算机部分功能设计，她逐渐能够把握计算机的体系结构，这离她梦想做中国自己的计算机的目标又近了一步。

1958年，计算所计划研制一台小型计算机，夏培肃负责相关工作，有了之前的经验和工作基础，夏培肃独立完成了全机的总体功能设计、逻辑设计、工程设计、部分电路设计，制订了调机方案。这台计算机被命名为107机，1960年通过考试正式开始做潮汐预报的计算，这是我国第一台自行设计的小型通用电子数字计算机。

创新是现代科学活动的理念和目的。成功非偶然因素可为，创新也源于科学家对科学技术的认识与把握。在英国的留学背景使得夏培肃和她的爱人杨立铭能够一直关注国际科技前沿动态，买国外最新科技期刊成为她们的重要支出。夏培肃通过阅读国外有关计算机的文献和报道，对世界计算机的最新发展状况十分熟悉。

自主创新一直是夏培肃的追求与梦想，她认为，作为中国科学院的研究所，不能去搞仿制，事实上，她一辈子都反对仿制，认为自主创新才有希望。她说："我们和美国的差距是很大的，中国的计算机技术必须坚持走自主创新而不是跟踪仿制的道路，才有可能迎头赶上。"

上世纪八十年代，夏培肃考虑得最多的是如何提高中国计算机的运算速度。她负责研制的150-AP数组处理机最高运算速度达到每秒一千四百万次，高于美国当时对我国禁运的同类产品的运算速度，使石油勘探中的地震资料处理速度比单独使用150机提高十倍以上。

150-AP研制成功后，夏培肃又念念不忘要使中国的计算机赶超世界先进水平，开始对一些新出现的可能进入实用的技术进行研究，她提出了我国发展功能分布式计算机系统，将一台计算机的不同功能分散到多台计算机上同时计算，从而提高系统的效率，这个设计思想，即使对二十一世纪初期的计算机系统设计，仍然具有重要的指导意义。在这个方向的研究上，夏培肃主持了GF10高速系统的研制，包括三个档次的功能分布式阵列机系统。而由她的学生韩承德负责的功能分布式计算机GF-20微机系统获得了中国科学院科技成果一等奖，是世界上第一台汉字操作系统的计算机。

八十年代末，夏培肃提出发展高性能计算机是国家的需求，同时中国的计算机需要自己设计的芯片，不能永远受制于人。她培养的研究生中有许多人把高性能计算和自主芯片的研制当成研究方向，取得了很大进展。

夏培肃的学术思想一直紧跟国际的最前沿。上世纪九十年代末，她逐渐淡出计算机科学技术的一线工作，但她仍然关注国际计算机的最新发展。2000年前后，量子计算机在国际上比较热门，主要是物理学家在研究，计算机专业的科研人员难以深入地理解，夏培肃花了大约一年的时间，阅读了一百多篇有关论文，在爱人物理学家杨立铭指点下，学习了量子力学的基本概念，撰写了一篇综述性文章《量子计算》，从计算机专业科研人员的角度观察和审视量子计算机，在国内计算机界产生了很好的反响，被广泛引用。

夏培肃的科学生涯中一直在强调自主创新在科研工作中的重要性，坚持做中国自己的计算机。她是这样说的，也是这样做的。

传播育人

夏培肃出身教育世家，这既让她重视教书育人，愿意牺牲科研时间和精力去培养人才，也使得她天生就具有为人师表的卓尔不群的能力。

从刚开始研制计算机开始，夏培肃就乐于把自己刚弄懂的知识与人分享。她在物理研究所开办讲座，讲授计算机原理，使得更多的人开始知道计算机。计算机的一些基本术语和名词本来都是英文的，夏培肃在讲座和讲义中把它们用中文表述出来，很多术语和名词就这样沿用了下来。夏培肃在广泛阅读文献资料和研究计算机的同时，1955年开始编写计算机原理讲义，促成了我国在这方面第一本正式讲义的诞生。

计算所筹建初期的一项主要任务是培养人才，除派往国外学习的几十人外，国内以训练班的形式持续了四届，共培养出具有大学本科毕业水平的计算技术专业人员七百余人，夏培肃是训练班的主要负责人，她为此倾注了大量的心血，她主讲的核心课程《计算机原理》，用简单的语言把复杂的问题讲得清清楚楚，深受学员的欢迎，她的努力赢得了几届训练班师生的尊重和爱戴。这些训练班的学员后来分布在全国各地，成为发展我国计算机事业极其重要的力量，他们中的很多人成为所在单位的领导干部和业务骨干。

1958 年，夏培肃在负责训练班的同时，白手起家，创办了中国科学技术大学的计算机专业，她在专业发展、学科规划、师资培养、课程设置、教学计划、教材编写、实验室建设等方面都亲自参与和具体指导，是中国科学技术大学计算机学科的奠基人。

可以说，夏培肃为新中国教育培训了第一批计算机领域的科研人员，为我国计算机事业的发展奠定了坚实的人才基础。

夏培肃从 1963 年开始培养研究生，1984 年，她被国务院学位委员会批准为博士研究生导师，开始培养博士研究生。在她培养的研究生中，有三人获中国科学院院长奖学金特别奖（这种奖当时全院每年只有十名），两人获全国优秀博士学位论文奖（这种奖当时全国每年只评出一百篇），三人获中国青年科技奖。

夏培肃认为培养研究生主要是为国家培养人才，而不是为了协助导师完成科研任务。夏培肃坚信：计算机事业要发展，没有新生力量绝对是不行的，而为计算机事业培养人才则是她应尽的责任。夏培肃对我国计算机

图结-1 计算所领导看望夏培肃（2013年。左一李锦涛，左二夏培肃，左三韩承德，左四唐志敏）

图结-2 计算所领导看望夏培肃（2013年。左一王晓虹，左二夏培肃，左三孙凝晖，左四杜子德）并送去九十寿辰纪念画册

新生力量的培养，是对国家计算机事业的重大贡献。

作为中国计算机科学技术的先行者和教育者，夏培肃意识到专业术语定名和解释工作的意义重大，她在历年来讲义的编写中十分重视用词规范，在主编《英汉计算机辞典》时更是精益求精，对于所有词条都严格要求并亲自定稿，希望辞典能够真正成为启迪后学的工具书。

在夏培肃做副主编的《计算机科学技术百科全书》中，她虽然只负责终审定稿，但是会对每个词条都重新审查，发现不规范的就自己或者请人帮助修改；有些不确定的词条，她会主动请教有可能比她更了解情况的人询问，只有确认后才会定稿，生怕出现纰漏影响后学者对计算机概念的理解。

夏培肃还亲自创办了《计算机学报》和 *Journal of Computer Science and Technology*（*JCST*），并担任主编。这两种学术期刊在我国和国际计算机界都有很大的影响力，被美国的 *SCI*、*EI*、日本的《科技文献速报》、俄罗斯的《文摘杂志》等国际多种著名检索刊物收录。

夏培肃作为中国计算机事业的开创者，她从不会因为自己曾经做出过重要成果而停止进取，她永远想到的是国家的计算机事业，以及后续人才

结 语 科学精神与科学传播 **185**

的成长。在她的身上，充满了科学的求真精神、协作精神，以及开放精神。夏培肃在计算机科学技术领域的贡献，也绝非可以用获过几项大奖、承担过几项重大课题、担任过几个重要头衔来表述。

女性先生

"云山苍苍，江水泱泱；先生之风，山高水长。"[①] 在中国计算机领域里，所有人都尊称夏培肃为夏先生。这既是因为夏培肃在计算机科学技术上的成就、在计算机近现代教育和传播中的成就，也表现了人们对于她作为一代科学大家风范的仰慕。

夏培肃虽为女性，但是从小受到了家庭良好的教育，花木兰的英雄事迹和居里夫人的杰出成就给孩童的夏培肃留下了不可磨灭的印象，她从来没有因为性别问题而放弃自己的追求和梦想。

良好的数学天赋，加上母亲精心安排的系统式教育方法，使夏培肃打下了扎实的数学基础，形成了良好的中文和英语阅读能力。夏培肃就读的高中和大学都是当时的全国重点院校，强手如云，但是夏培肃一直保持着优异的成绩，数学永远名列前茅。

在理工科领域发展，夏培肃认为女性的聪明才智并不逊于男性，但是就社会观念和家庭构成来说，女性要想取得成功，则有很多桎梏。夏培肃正是非常有缘地遇到了和自己志同道合的杨立铭，双方在事业和生活中互相扶助、理解，最终家庭幸福，事业有成。

夏培肃夫妇淡泊名利，他们认为"不义而富且贵，于我如浮云"。低调的工作、生活方式，是他们一生都能踏踏实实做事的性格使然，夫妻二人各自在专业领域的成就则永远印刻在了中国科技发展史上。

多少年之后，在夏培肃并未在意自己是否一定要当选院士时，王大珩和师昌绪两位学部委员主动找到她，了解到她的成就，主动推荐她竞选院

[①] 出自范仲淹《严先生祠堂记》，赞美汉代隐士严子陵的高洁风范像山一样高，像水一样长。近现代很多学者口中的"先生"称谓很难用词来诠释，在他们眼中，"先生"不单指教人知识的老师，更是那些言传身教影响他人处事立身之道的大师级人物。

士。即便当选院士后，夏培肃也并不认为自己比别人高明，她对自己不很了解的事情，从不轻易发表意见。她认为要做好学问，一定要先做好人。

夏培肃认识到中国科学院院士是国家设立的科学技术方面的最高学术称号，是一种荣誉。作为院士，一定要保持院士的声誉，要维护科学道德，要更加努力工作，促进计算机事业的创新和发展。她积极参加每一年的院士会议，在评选新的院士时，她坚持用院士的标准来推荐、投票或不推荐、不投票。有一次，在开院士评审会前夕，有一个部门给她送来一张名单和一笔钱，希望她投名单上人的票，她马上退回去，并告诉他们：院士选举只能在院士会议上讨论，不能在会外活动。

纵观夏培肃一生，她热爱科学，努力奋斗，工作严谨，培育新人，赢得了业界尊敬的同时，她的学术思想也得以很好地传承；她性情恬淡，与世无争，虽人生随社会跌宕起伏，却能始终坚持做她最擅长的科研工作，并开拓计算机科学传播的道路，成为无数计算机学子入门的引路人。

从五四运动到中华人民共和国成立前的三十年，社会动荡，许多心系国家的知识分子凭着"治国，平天下"的豪情，即便颠沛流离，南渡北归，却能潜心学术，指点后辈。夏培肃从出生到求学，耳濡目染，承袭了这些德才兼备民国先生的精神风范。

回望夏培肃一生，追求真理、严守人格、恬静生活。夏培肃为中国计算技术的创建和发展奉献了一生，历史也永远地记住了这位优秀的女科学家。

附录一　夏培肃年表

1923 年

7 月 28 日，出生于四川重庆。

1928 年

2 月，就读于四川省江津女中附小。

1929 年

2 月，就读于四川省永川县立小学。
9 月，就读于四川省江津女中附小。

1931 年

9 月，就读于四川省江津县白沙镇女中附小。

1932 年

8 月，因病和姐姐辍学在家。后来参加县里举办的小学毕业会考，考试通过后，获得小学毕业证书。小学毕业后，母亲认为当地的中学水平不高，于是安排她和姐姐夏培雍在家里学习。

1937 年

9 月，以同等学力考入四川重庆南渝中学高中部。

1939 年

2 月，转入四川省江津县德感坝国立第九中学学习。

1940 年

7 月，从国立第九中学高中毕业。

9 月，考入重庆国立中央大学电机系。

1945 年

7 月，于重庆国立中央大学毕业。

10 月，由吴大榕教授推荐进入上海交通大学重庆分校电信研究所攻读研究生，硕士导师为张钟俊教授。

1947 年

10 月，通过留学生考试，成为英国爱丁堡大学电机系博士研究生，主要研究电路理论、自动控制和非线性常微分方程及其应用，导师是塞伊教授。

1949 年

10 月，在英国爱丁堡大学任助教。

1950 年

7 月，获英国爱丁堡大学哲学博士学位。在英国爱丁堡与杨立铭结婚。

8 月，在英国爱丁堡大学任助理研究员。

1951 年

成为英国爱丁堡大学博士后，"非线性系统的一种图解法"被 *Proc IEE* 接收。

研究四端网络的矩阵分析（有文章手稿，未发表）。

春，收到时任清华大学校务委员会副主任的周培源教授的正式回国邀请。

秋，与杨立铭一同回国。

11月，成为清华大学电机系电讯网络研究室助理研究员，研究室主任为闵乃大教授。

12月，"非线性系统的一种图解法"在发表前，由塞伊教授代为在伦敦电机工程学会上宣读，参加会议的多为知名教授和专家，他们对文章给予很高评价。

1952 年

夏，被提升为副研究员。

秋，被华罗庚选中，成为我国第一个电子计算机科研三人小组的成员。夏培肃此后在清华大学和闵乃大、王传英开始研究通用电子数字计算机。

1953 年

1月，调入中国科学院数学研究所。

1954 年

1月，调入中国科学院物理研究所（现为中国科学院高能物理研究所）。负责计算机基本逻辑电路实验，对串行运算器所执行的四则运算的算法进行了比较深入的研究，初步完成运算器和控制器的逻辑设计，并完成一些基本电路实验。

参加苏联 A. A. 萨宁编著的《研究辐射的电子学方法》一书的翻译，该书的中译本于1958年由科学出版社出版。

1955 年

大儿子杨丰南出生，不幸于1962年夭折。

开始编写《计算机原理》讲义。在讲义中使用中文术语，并在全国一直沿用至今。

1956 年

春，在数学研究所开班讲授《计算机原理》，每周一次，共讲了三个月。听众为物理研究所和数学研究所新分配来的研究计算技术的大学毕业生，以及清华大学、北京大学的一些教师和其他单位的有关人员。同期，继续完善原理讲义。

4月，参加周恩来总理主持制定的发展我国科学技术的十二年远景规划中"计算技术的建立"的规划。会上，夏培肃等人介绍了国际上的计算技术发展情况，介绍了中国科学院计算机小组的工作情况。这次远景规划的目的是建立中国的计算技术，建立的原则是："先集中，后分散"。规划组建议在中国科学院成立一个计算技术研究所，把全国要研究计算机的人，都集中到这个研究所来，在比较多的骨干力量成长起来后，再回到自己单位去发展。规划结束后，中央领导在中南海接见了参加规划的人员。

6月，华罗庚主持召开计算技术研究所筹备委员会第一次会议，夏培肃被聘任为筹备委员会委员。此后，一直在计算技术研究所任职，历任副研究员、研究员。

9月，作为代表团成员，去苏联考察学习计算机。考察团的活动分两个方面：第一是面上的参观访问，第二是重点深入考察和学习。面上参观访问的单位有苏联科学院精密机械与计算技术研究所、半导体所、电子所、计算中心、数学所、物理所、科技情报所、莫斯科大学、莫斯科物理技术学院、莫斯科动力学院、列宁格勒大学、列宁格勒工学院、莫斯科CAM计算机工厂、宾札计算机工厂、无线电器件厂、电子管厂、示波管厂等。参观已投入运行的和正在研制的计算机有 БЭСМ、СТРЕЛА、M-2、M-3、M-20、УРАЛ、卡片穿孔机等。

11月，负责将M-20计算机的设计进行改进，将三地址指令改为一地址指令，并增加一些新指令，使运算速度提高。写出了具体的体系逻辑设计方案，由所内打印一百册，后未被采用。

撰写《计算机运算器》，在《通信技术》上发表。

一直到 1962 年，负责计算技术研究所和清华大学等高校合作举办的计算机训练班的教学工作，主讲《电子数字计算机原理》课程，并重新编写了《电子计算机原理》讲义，这是我国在这方面的第一本正式讲义。夏培肃负责主办了四期计算机的训练班：第一期训练班从 1956 年开始，最后一期训练班于 1962 年结束。这四期训练班中，夏培肃都负责主要的业务领导工作，同时，亲自讲授计算机原理课程。最后一期训练班是和中国科技大学合办的，当时科大计算机专业的学生和训练班的学生一起上计算机的专业课。四期训练班为全国各行各业（主要是高校、部队、工业部门），培养了七百多名计算机方面的专业人才。这项工作是在国内高校还没有培养出计算机人才的前提下进行的，应该说在全国来说都是开创性的工作。这七百多名人才，后来大部分成为各行各业在计算机方面的领军人物，所以，在人才培养方面，夏培肃为中国计算机事业奠定了坚实的基础，同时也结出了硕果。

1958 年

在物理研究所工作的基础上，负责研制我国第一台自行设计的通用电子数字计算机——107 机。完成全机的总体功能设计、逻辑设计、工程设计、部分电路设计，制订调机方案。107 计算机在计算技术研究所加工调试后，于 1960 年初安装在北京玉泉路中国科学技术大学。1960 年 4 月，107 计算机通过考试，正式开始算题，所算的第一个题目是潮汐预报。107 计算机工作稳定，得益于夏培肃设计的触发器电路和其他保证稳定的措施。1960 年 6 月，全国第一次计算机学术交流会在上海举行，夏培肃在这次会议上做了关于 107 计算机的设计方案和研制经验的报告。后来，中国科学技术大学对 107 机的存储器和逻辑设计做了一些改进。"文化大革命"开始后，107 机随中国科学技术大学搬迁到安徽合肥，1974 年被拆除。

1959 年

4 月 7 日，儿子杨跃年出生。杨跃年，中国科学技术大学计算机系毕业，在美国获得光学和计算机两个硕士学位，现在美国 Intel 公司工作。

负责创建中国科学技术大学计算机专业，兼任教研组组长并讲课。除主讲《计算机原理》外,还指导高年级学生的课程实验、科研实习和毕业设计。夏培肃对中国科学技术大学计算机专业的创建、师资培养、科研、教学等方面都付出了很多心血,并在专业发展方向、课程设置、教材编写等方面给予了全面的指导,是科大计算机学科的奠基人。

中国科学院计算技术研究所正式成立,任一室副主任。

1961 年

负责计算技术研究所探索性的研究工作,开展计算机新型器件的研究。研究微波计算机,研制成功双稳态微波器件。研究结果表明:微波计算机在当时不是计算机的发展方向。

负责研制隧道二极管计算机。研究隧道二极管的非线性特性,完成 8 位进位链、8 位寄存器和 8 位存储器。所写论文于 1965 年在哈尔滨举行的全国第四届计算机学术会议上发表。

1962 年

6 月,参加中国计算机学会,曾连续多届任常务理事。

1963 年

2 月 10 日,儿子杨跃民出生。杨跃民,吉林大学物理系毕业,在美国获得物理和电机两个硕士学位,现在自主创业。

9 月,在《计算机动态》上发表《隧道二极管触发震荡线路》(与韩承德合作)。

12 月,在《计算机动态》上发表《电子管触发器的分析和设计》(与贾耀国合作)。

开始培养研究生。夏培肃曾多次说过"我们对学生是有责任的","每一个人都是下一代人的人梯,合格的人梯一定要有攀登科学高峰的愿望和决心"。在培养学生方面,夏培肃耗费了大量心血,亲自培养了六十余名研究生。她的学生有的当了院士,还有很多在自己的领域内做出了杰出的贡献。

赴西安参加全国第三次计算机学术会议(633 会议),在会上做了计算机发展动向报告。

对西安西北计算所的系 3 计算机进行业务指导。

1964 年

赴沈阳计算所指导其中型计算机的设计。

任西北计算所 104 计算机鉴定组组长。

1965 年

去河南省信阳专区罗山县张家湾参加"四清"运动，和农民同吃、同住、同劳动。

1966 年

去上海华东计算所参加 655 计算机方案论证。

与北京市合作，负责研制 369 集成电路计算机，后因"文化大革命"，该合作未能展开。

1968 年

研制成功一台测试 717 计算机插件的正确性和虚焊的半自动检测设备，使 717 计算机很快调试成功（有研制报告及使用说明，已被销毁）。

提出最大时间差流水线原理，可大大缩短流水线计算机的时钟周期（报告被销毁）。

1970 年

去江西省鄱阳湖畔鲤鱼洲"五七干校"劳动。

开始研究大型高速计算机中的信号传输问题和组装技术（包括速度、反射、串扰等），完成研究报告及技术资料多篇，提出全机特性阻抗匹配、导线不分支、多层印制板采用分布式地网等，使信号传输时，波形的畸变控制在容许范围之内（有报告手稿）。关于印制板设计方案改进的建议已为 1025 模型机、013 机及国内一些大型高速计算机所采用。

1973 年

完成 013 机 A 型插件板设计（有报告，被销毁）。

对插针式接插件的可靠性问题进行研究，提出 013 机的 73 线接插件的检查及装机规范（有报告，被销毁）。

负责《英汉计算技术词汇》的最后审定，该书由科学出版社出版。

1974 年

任 748 全国计算机学术会议整机组副组长。

从 1974 到 1978 年，对大型高速计算机的逻辑设计及工程设计进行研究，完成内部报告。内容有：①超高速计算机中的信号传输和组装结构；②流水线计算机中的触发器；③时域反射测试；④对巨型机的线路及组装技术的一些看法和建议（1977 年由计算技术研究所打印）。

1977 年

与许孔时等合作，主编《英汉计算机辞典》，1984 年由人民邮电出版社出版，并被香港三联书店影印，于 1988 年获全国优秀科技图书二等奖。该书主要阐明计算技术术语的基本定义和含义，内容包括计算机理论、计算机硬件、计算机软件和计算机应用，包括各种系列机、巨型机、微型机、外围设备、计算机网络、数据通信、数据库、软件工程、操作系统、磁记录技术、信息存储技术、计算机元件及工艺、计算机图形学、计算机图像处理和人工智能等方面的词条。

1978 年

3 月，担任全国政协委员直至 1988 年 3 月。

3 月 15 日，被中国科学院聘为研究员。

创办《计算机学报》，并担任主编。《计算机学报》由中国科学院计算技术研究所和中国计算机学会共同主办，以中文形式与国内读者见面，同时以英文摘要形式向国际各大检索系统提供基本内容介绍；刊登的文章被国际多种著名检索刊物收录，包括美国的 *EI*、《数学评论》，英国的 *SA*，日本的《科技文献速报》，俄罗斯的《文摘杂志》等。

1979 年

4 月，担任计算技术研究所第二届所学术委员会副主任委员。

赴上海 1932 所参加 905 甲机鉴定，任鉴定组副组长，并在该所做学术报告。

赴昆明参加计算机学会第五届年会。

与石油部物探局合作，负责研制我国第一台高速数组处理机 150-AP。

1980 年

制定 150-AP 的工程规范。

5 月，作为中国代表团副团长，去日本东京和澳大利亚墨尔本参加第八届国际信息处理联盟（IFIP）的世界计算机大会（World Computer Congress。该联盟是由联合国教科文组织发起的，我国是会员国）。回国后，总结国际计算机发展情况，在不同场合做了五次报告。

1981 年

150-AP 数组处理机研制成功，其最高运算速度为每秒一千四百万次，高于美国当时对我国禁运的同类产品的运算速度。它使石油勘探中的地震资料处理速度比单独使用 150 机提高十倍以上（有用户使用情况说明），为我国石油勘探做出贡献。后在美国召开的国际计算机体系结构会议上作特邀报告（与方信我等合作）；1982 年在郑州召开的第六届全国计算机会议上报告该机的设计特点；1983 年，《150 数列处理机》（与方信我等合作）在《计算机学报》上发表；1986 年，150-AP 数组处理机获中国科学院重大科技成果二等奖。150-AP 数组处理机是自治的计算机，受主机的影响较小。夏培肃提出的总体功能设计、逻辑设计和工程设计一体化的设计思想，使运算速度显著提高。150-AP 数组处理机运行稳定，年均故障次数两三次，交机率达 90% 以上。

1982 年

4 月，主持功能分布式计算机系统（GF 系统），其团队共研制成功 GF10/11、GF10/12 和 GF10/13 三台计算机。其中 GF10/11 于 1988 年获中国科学院科技进步二等奖，GF10/13 使用最大时间差流水线技术，工作频率为使用同样器件的计算机的五倍，有关论文（与林琦合作）于 1988 年在 Journal of Computer Science and Technology 上发表。

10 月 4 日，国务院成立了计算机与大规模集成电路领导小组，由国务院直接领导计算机和大规模集成电路事业的发展，该小组 12 月召集全国一百多名计算机方面的专家举办论证会，从而确立此后一段时期我国发展大中型计算机和小型计算机选型的依据。夏培肃在论证会上提出建议：针对信息处理的高速化目标，建议我国发展功能分布式系统，并提出研制汉字智能终端，由汉字智能终端承担汉字处理的问题。功能分布式计算机系列的研制后来成为计算技术研究所一段时间内的研究重点。

被石油部物探局聘为顾问。

1983 年

9 月 12 日，被授予全国"三八"红旗手。

6 月 25 日，加入中国共产党。

12 月，在全国政协科技组做"电子计算机的发展和应用"的报告，被全国政协作为学习参考资料，印刷成内部读物，发给全体政协委员和民主党派。

1984 年

6 月，任计算技术研究所第三届所学术委员会副主任委员。

12 月，由国务院学位委员会批准为博士研究生导师。在培养的博士研究生中，有二人获中国优秀博士学位论文奖。

1985 年

2 月，在中国科学技术出版社出版的第一期《中国科技史料》中发表了《我国第一个电子计算机科研组》一文。

10月，作为中国科学院和英国皇家学会的交换教授，去英国讲学。在英国赫里奥·瓦特大学做了两次报告。为了表彰她对计算技术的贡献，该校在隆重纪念蒸汽机发明者瓦特命名一百周年时，授予她名誉科学博士学位，同时获此殊荣的还有1977年诺贝尔化学奖获得者普里哥金教授等三位国际知名学者。

11月5日，应邀在爱丁堡大学做了"Design of Array Pipelining Algorithms"的学术报告。

受美国CDC公司邀请，去美国与该公司谈判合作事宜，并做了两次报告。

应邀在明尼苏达大学（1985年12月3日）和匹斯堡大学（1985年12月6日）各做了一次学术报告。

12月，回国。

1986年

10月，任计算技术研究所第二届所学位评定委员会副主席。

创办 Journal of Computer Science and Technology（JCST），并担任主编。JCST是中国科学院计算技术研究所与中国计算机学会联合主办的英文学术期刊，被美国：SCIE（Web of Science，Research Alert，CompuMath Citation Index）、EI、《数学文摘》、Computing Reviews，英国：INSPEC、Computer Abstract，德国：《数学文摘》、DBLP，日本：《日本科技文献速报》，俄罗斯：《俄罗斯文摘杂志》等国际重要检索系统收录。

在中国科学院计算技术研究所纪念成立三十周年的专刊上，发表了《回忆我国第一个电子计算机科研小组》《计算所建所初期科技人员的培养情况》和《107计算机研制情况》三篇文章。

1987年

应邀在李政道主持的格点规范场理论使用并行处理国际研讨会上介绍我国在并行处理方面已做过的研究工作。

1988 年

12 月 9 日，与王玉祥共同申请发明专利"大规模集成电路的算术/逻辑运算部件"。该部件是首次按最大时间原理设计的大规模集成电路。部件由输入模块、组间先行进位链模块、输出模块和延迟模块等组成。

12 月，与祝明发、李国杰等合作撰写的论文《BJ-01 并行计算机设计及高速流水线超大规模集成电路设计》被评为 1988 年度中国科学院计算技术研究所优秀论文。

与冯康合作，负责国家自然科学基金重大项目"并行计算机和并行算法"，提出 BJ 并行计算机方案，其团队完成 BJ-01 和 BJ-1 并行计算机的研制。BJ-01 并行计算机是一台用于混沌研究的并行计算机，有关论文《BJ-01 并行计算机体系结构和硬件设计》（与祝明发等合作）1992 年发表于《计算机学报》。该机于 1992 年获中国科学院科技进步奖三等奖。BJ-1 机于 1995 年获中国科学院科技进步奖二等奖。

在上海主持亚太地区计算机教育会议，担任大会主席。

受邀担任计算物理国际会议国际顾问委员会成员，并在会议上做关于并行计算机体系结构的报告。

1989 年

8 月，作为中国代表团团长，赴美国旧金山参加第十一届 IFIP 世界计算机大会，最大时间差流水线论文在会上发表。

受聘为国家自然科学基金委员会计算技术评审组成员，任期两年。

1990 年

8 月，与祝明发等人合作撰写的论文《用于石油产业的高速并行计算机方案》被国产大型机及其应用和发展研讨会收入论文集。

9 月 10 日，被中国科学院评为优秀研究生导师。

1991 年

2 月 27 日，与王玉祥联合发明的"大规模集成电路的算术/逻辑运算部件"获国家发明专利（有专利证书）。

11月，任第三届所学位评定委员会副主席。

11月，当选为中国科学院学部委员（院士）。

受聘为国家自然科学基金委员会计算技术评审组成员，任期两年。

用CMOS门阵列实现最大时间差流水线算术部件。其相关论文"A Maximum Time Difference Pipelined Arithmetic Unit Based on CMOS Gate Array"（与唐志敏合作）1995年发表于 *Journal of Computer Science and Technology*。

1992 年

本年5月至1995年4月，被聘为北京大学计算机科学技术系兼职教授。

1993 年

8月26日，被北京市归国华侨联合会评为"为实现八五计划和十年规划做贡献活动"先进个人。

受聘为国家自然科学基金委员会计算技术评审组组长，任期两年。

任《计算机科学技术百科全书》副主编，第一版她负责计算机体系结构分支的最后编审定稿。《计算机科学技术百科全书》于1998年由清华大学出版社出版，2000年获第十二届中国图书奖。

1994 年

9月，被评为1994年度中国科学院优秀教师。

应王宽诚教育基金会邀请去香港大学讲学（其中一报告有手稿）。

11月22日，做了"Maximum Time-Difference Pipelining"等学术报告。后 *Maximum Time-Difference Pipelining* 和《中国古代的计算技术》两篇文章被收入1996年编制的第11期《王宽诚教育基金会学术讲座汇编》。

与李三立合作，承担国家攀登计划B类项目"高性能计算机中若干关键技术问题的基础性研究"，任首席科学家。提出可用于MPP系统中的反图拓扑高速互联网络，该方案获两项国家发明专利。有关论文《大规模并行处理系统的反图互连网络》（与韩承德等合作）于 1997 年在香港——北京国际计算机会议上作特邀报告。《新型互连网络 NIN 研究》（与周知予等合作）于 2000 年发表于《计算机学报》。

应俄罗斯科学院邀请前去莫斯科探讨合作事宜。

1995 年

1 月，获得"用于混沌研究的并行计算机"国家科技成果完成者证书。

任中美信息科学发展趋势研讨会中方主席。

1996 年

任国家自然科学奖信息评审组成员。

任神州Ⅲ计算机鉴定委员会副主任。

1997 年

任 9206 工程科技成果鉴定委员会副主任。

1998 年

任国家自然科学奖信息评审组成员。

在主题为"高性能计算技术展望"的香山科学会议上作主题综述报告。会后，与金怡濂院士共同撰写了一份报告，希望发展中国的自主芯片，不要永远受制于人。后与胡伟武合作发表文章《高性能计算技术展望》，刊登于《中国科学院院刊》第 13 卷第 5 期。1999 年再次发表于《科学前沿与未来》第 4 集，张焘主编，科学出版社出版。

2000 年

2 月 25 日，任计算技术研究所第六届学术委员会名誉主任。

8 月 19 日，荣获中国科学院颁发的宝洁奖教金。

9 月 6 日，荣获计算技术研究所第一届所长奖教金特别奖。

11 月 30 日，荣获中国科学院颁发的彭荫刚奖教金。

开始研究量子计算机，撰写综述性文章《量子计算》。

任《计算机科学技术百科全书》第二版副主编，负责计算机组成与体系结构分支和计算机硬件分支的编审定稿。《计算机科学技术百科全书》第二版 2005 年由清华大学出版社出版。

2001 年

10 月，《量子计算》在学术刊物《计算机研究与发展》上发表。《量子计算》一文完全从计算机从业人员的角度出发，介绍了量子计算机的运算器、控制器、存储器分别是什么样子，现在量子器件已经达到什么程度了，有什么特点、有什么缺点等内容，分析到位，使读者一目了然。这篇文章发表后，在国内计算机界产生了很好的反响，并被广泛引用。

12 月，被聘请为神州 IV 计算机系统鉴定委员会副主任。

2002 年

9 月 5 日，荣获计算技术研究所 2002 年度所长奖教金。

2003 年

1 月 12 日，杨立铭因病医治无效，在北京去世，享年八十四岁。他在夏培肃的精心照顾下走完了人生最后一段旅程。杨立铭去世后，夏培肃将他的英文专业书籍三百七十八册和英文专业期刊约二千五百册（其中一部分是原版的）全部无偿捐赠给北京大学物理学院图书馆。

2 月 21 日，任计算技术研究所第七届学术委员会名誉主任。

9 月 10 日，获中国科学院计算技术研究所颁发的"计算所研究生导师杰出贡献奖"。同时，夏培肃还接受了她的学生赠送的礼物（捐赠馆藏基地），一个嵌在水晶中的"龙芯"芯片和印有"夏 50"字样的龙芯版图。这是为了纪念夏培肃从事计算机事业五十周年和从事计算机教育工作五十周年，计算技术研究所龙芯研制组负责人唐志敏和胡伟武特别制作的礼物——"龙芯"代表了夏培肃桃李芬芳的教育硕果，"夏 50"印证了夏培肃五十年兢兢业业的教学生涯，同时也饱含了她的学生们对她的敬爱之情和谢意。

10月14日，论文《量子计算》获中国科学技术协会颁发的"第一届中国科协期刊优秀学术论文奖"。

12月19日，荣获中国科学院颁发的"宝洁优秀研究生导师奖"。

2004年

4月9日，夏培肃与中关村三小师生进行交流，夏培肃提出学生要因材施教，根据个人特点去发展自己。会后题字："学而不思则罔，思而不学则殆。"

2005年

3月，夏培肃决定个人每年捐赠现金一万元，奖励品学兼优、家庭相对困难的硕博连读生。经计算技术研究所教育工作指导小组讨论决定，该奖学金后来被正式命名为"夏培肃奖学金"。

2006年

2月，参加"计算所2006年度规划会"，做了"关于计算所规划的几点想法"的发言，后在计算技术研究所所刊《创新·求实》3月刊上发表。

2008年

1月，被聘为神州V计算机系统技术鉴定委员会副主任。

5月10日，被中国科学院研究生院授予"杰出贡献教师"荣誉称号。

8月8日，交纳特殊党费一万元支援四川汶川大地震救灾工作。

12月18日，被中国计算机学会聘为中国计算机学会学术顾问。

2010年

9月27日，为纪念华罗庚先生诞辰一百年，撰写《华罗庚：中国计算机事业的主要奠基人》，发表在科学时报《华罗庚诞辰一百年纪念专栏》。

2011 年

1月21日，获首届中国计算机学会 CCF 终身成就奖。中国计算机学会终身成就奖授予七十岁以上、在计算领域做出卓越成就与贡献、被业界广泛认可的老科学家。中国计算机事业的创始人、中科院院士张效祥和夏培肃获得首届中国计算机学会终身成就奖。

4月，获上海交通大学杰出校友卓越成就奖。

2012 年

5月26日，获东南大学（原国立中央大学）杰出成就校友奖。

2014 年

8月27日11时10分，因病医治无效，在北京中日友好医院逝世，享年九十一岁。

附录二　夏培肃主要论著目录

论文

[1] A Graphical Analysis for Non-linear Systems. Proc. IEE，1952，99（2）.

[2] 107 电子计算机．第二届全国计算机会议论文集．汕头，1961（与杨学良等合作）.

[3] 隧道二极管触发振荡电路．电子计算机动态，1963（9）（与韩承德合作）.

[4] 电子管触发器的分析和设计．电子计算机动态，1963（12）（与贾耀国合作）.

[5] 隧道二极管在快速计算机线路中的应用．第四届全国计算机会议论文集．哈尔滨，1965.

[6] An Array Processor for Petroleum Exploration. Proc. 8th Annual Int'l Symp. on Computer Architecture. U.S.A.，1981（with X. Fang, et al, invited paper）.

[7] 150-AP 的设计特点．第六届全国计算机会议论文集．郑州，1982（与方信我等合作）.

[8] 150 数列处理机．计算机学报，1983，6（3）（与方信我等合作）.

[9] 高速流水线技术. 第七届全国计算机会议论文集. 福州, 1986（与林琦等合作）.

[10] Design of Array Processors. J. Computer Science and Technology, 1987, 2（3）（with X. Fang, et al）.

[11] 一体化设计高速流水线技术. 计算机学报, 1987, 10（11）（与林琦等合作）.

[12] The Design and Implementation of a Very Fast Experimental Pipelining Computer. J. Computer Science and Technology, 1988, 3（1）（with Q. Lin）.

[13] The Architecture of BJ Parallel Computer Series. Proc. Int'l Conf. on Computational Physics. Beijing, 1988（with Q. Lin, et al）.

[14] A Very Fast Array Processor and the Architecture of a Parallel Computer BJ. Proc. IFIP 11th World Computer Congress. U.S.A., 1989（with Q. Lin, et al）.

[15] 高速算术逻辑部件芯片的研制. 高速高精度信号处理系统集成技术论文集. 1990（与王玉祥等合作）.

[16] The Parallel Architecture of BJ Computer Series. Proc. 2nd German-Chinese Electronics Week Congress. Shanghai, 1991（with M. Zhu, et al, invited paper）.

[17] BJ-01并行计算机体系结构和硬件设计. 计算机学报, 1992, 15（12）（与祝明发等合作）.

[18] A Maximum Time Difference Pipelined Arithmetic Unit Based on CMOS Gate Array. J.Computer Science and Technology, 1995, 10（2）（with Z. Tang）.

[19] Maximum Time Difference Pipelining and its Implementation. Proc. HPC-ASIC'95. Taipei, 1995（with Z. Tang, et al）.

[20] 大规模并行处理系统的反图互连网络. 香港—北京国际计算机会议论文集. 北京, 1997（与韩承德等合作, 特邀报告）.

[21] 新型互连网络NIN研究. 计算机学报, 2000, 23（8）（与周知予等

合作).

[22] 量子计算. 计算机研究与发展, 2001, 38 (10).

著作

[23] 夏培肃主编:英汉计算机辞典. 北京:人民邮电出版社, 1984.

其他文章

[24] 电子数字计算机原理. 内部发行, 1955, 1957, 1958, 1959, 1961, 1962.

[25] 计算机运算器. 通信技术, 1956.

[26] 107计算机的研制经验. 第一届全国计算机会议. 上海, 1960.

[27] 通用电子计算机在逻辑结构方面的一些新发展. 内部发行, 1961.

[28] 计算机进展. 第三届全国计算机会议. 西安, 1963.

[29] 超高速电子计算机的信号传输. 电子计算机情报, 1972, 6:9-19.

[30] 计算机的发展和应用. 全国政协学习参考资料, 1983.

[31] 我国第一个电子计算机科研组. 中国科技史料, 1985, 6 (1):13-18;中科院计算所三十年论文集, 1986:8-20.

[32] 计算所建所初期科技人员的培养情况. 中科院计算所三十年论文集, 1986:56-70.

[33] 107计算机研制情况. 中科院计算所三十年论文集, 1986:83-86.

[34] 用于石油产业的高速并行计算机方案. 国产大型机及其应用和发展研讨会论文集, 北京, 1990.

[35] 教书育人其乐无穷. 中国科学院文明天地, 1992:29.

[36] 夏培肃, 唐志敏:高度并行计算机体系结构. 计算机世界, 1993-5-12.

[37] 华罗庚与中国计算技术. 中国科学报, 1995-11-13.

[38] Maximum Time-Difference Pipelining// 钱伟长主编:王宽诚教育基金

会学术讲座汇编，第 11 集. 1996：1-6.

［39］中国古代的计算技术. // 钱伟长主编：王宽诚教育基金会学术讲座汇编，第 11 集. 1996：7-17.

［40］夏培肃，胡伟武：高性能计算技术展望. 中国科学院院刊，1998，13（5）：336-339；张焘主编：科学前沿与未来，第四集. 科学出版社，1999：189-204.

［41］高性能计算机中的若干关键技术问题的基础性研究. 中国基础科学，2000，4：4-7.

［42］回忆我国第一个电子计算机科研小组 // 中国科学院计算技术研究所四十五周年. 2001：30-36.

［43］建所初期科技人员的培养情况 // 中国科学院计算技术研究所四十五周年. 2001：55-62.

［44］107 计算机研制情况 // 中国科学院计算技术研究所四十五周年. 2001：66-67.

［45］华罗庚与中国计算技术. 一路走来——中科院计算所五十年回忆录. 2006：1-4.

［46］华罗庚——中国计算机事业的主要奠基人. 科学时报，华罗庚诞辰一百周年纪念专栏，2010-9-27.

参考文献

[1] 宋璞. 重庆南开中学1935-1952年大事记. 重庆出版社，2011.

[2] 中国科学院计算技术研究所. 中国科学院计算技术研究所三十年. 1986.

[3] 中国科学技术大学档案馆，中国科学技术大学校长办公室. 中国科学技术大学大事记（1958-1997）. 1998.

[4] 中国科学院计算技术研究所四十五周年. 2001.

[5] 中国科学院计算技术研究所. 中国科学院计算技术研究所五十周年纪念. 2006.

[6] 中国科学院计算技术研究所. 一路走来——中科院计算所五十年回忆录. 2006.

[7] 刘益东，李根群. 中国计算机产业发展之研究. 山东教育出版社，2005.

[8] 中国科学技术大学计算机科学与技术学院. 中国科学技术大学——计算机学科的发展回顾. 2012.

[9] 张戈斐. 一页新的教科书——计算机专家夏培肃. 科技日报，1995-7-25（4）.

[10] BTV《世纪之约》栏目. 世纪之约：中国计算机的先行之师夏培肃. 2003-09.

[11] 中国科大口述历史项目组. 夏培肃访谈录. 中国科大校史馆视频资料，2008-9.

[12] 中国科大口述历史项目组. 龚升访谈录. 中国科大校史馆视频资料，2008-9.

[13] 郭诚忠. 中国信息化发展历程和基本思路. 中国信息年鉴，2001.

后 记

夏培肃院士学风严谨、处世低调、淡泊名利，本书首次系统地收集、整理了她的学术成长历程资料。祁威、沈哲、王剑、刘凤芹、李庆等同志做出了许多基础工作，为本书和相关研究提供了诸多宝贵的素材。

曾获得第三届国家最高科学技术奖的金怡濂院士欣然为本书作序，胡启恒院士也为本书提出了中肯的建议，在此表示诚挚的感谢。

本书第一章、第二章、第三章、第四章一、二节、结语由祁威撰写；第四章三节、第五章、第六章、第七章、第八章、第九章由韩承德撰写；第十章、第十一章、第十二章、第十三章、第十四章、第十五章由唐志敏撰写。全书由唐志敏、祁威统稿，沈哲摄影并为本书选配图片。

在采集工程专家组的指导下，全书历经多次修改、完善，终于成稿。我们力求全面地反映夏培肃院士朴素而有意义的学术人生，并做到学术脉络清晰，文字通俗易懂。金怡濂院士在序言中写道："老一辈科学家艰苦创业的学术经历，对后学者有很好的启迪作用。"如果能使读者获得启迪，我们就满足了。本书既适宜计算机专业人士阅读，亦可作为科学传播读本，供对计算机感兴趣、对老科学家怀抱崇敬之心的公众阅读。

在撰写本书过程中，我们得到了计算技术研究所所长孙凝晖、党委书记李锦涛、总工程师胡伟武、所长助理王凡、微处理器中心主任王剑的支持和帮助。我们先后采访了李国杰院士、王传英老先生、孙凝晖所长，以及夏培肃院士的学生韩承德、唐志敏、胡伟武、王剑等研究员，采访了夏培肃院士的儿子杨跃年、杨跃民。本书亦得到了北京市计算机学会副秘书长李文银、计算技术研究所岳楠、李超、唐裕亮、徐才杰、张伟、顾德敬等，中国科学技术大学郑世荣、邵祖英、杨贡华、卿志远、杨寿保等，中科院天地生科学文化传播中心袁志宁，中国科学院科学传播局马强，北京市科协，以及中国科学院档案馆李丽云等多位老师的大力支持和热情帮助。由于年代跨越久远，作者曾与数十位与夏培肃院士有过接触的老同志沟通、核实了很多历史事件，均得到了热情帮助与指导。刘凤芹作为夏培肃院士的秘书，一直积极地沟通联络、查找材料，在不影响夏培肃院士生活的前提下，帮助采集小组把工作做到最优。王海琪作为早期编校者亦给本书架构提出很好建议。谨在此对所有的老师和同志表示衷心的感谢！本书如有错误和不当之处，还望读者多多指正！

老科学家学术成长资料采集工程丛书
已出版（100种）

《卷舒开合任天真：何泽慧传》　　《此生情怀寄树草：张宏达传》
《从红壤到黄土：朱显谟传》　　　《梦里麦田是金黄：庄巧生传》
《山水人生：陈梦熊传》　　　　　《大音希声：应崇福传》
《做一辈子研究生：林为干传》　　《寻找地层深处的光：田在艺传》
《剑指苍穹：陈士橹传》　　　　　《举重若重：徐光宪传》

《情系山河：张光斗传》　　　　　《魂牵心系原子梦：钱三强传》
《金霉素·牛棚·生物固氮：沈善炯传》《往事皆烟：朱尊权传》
《胸怀大气：陶诗言传》　　　　　《智者乐水：林秉南传》
《本然化成：谢毓元传》　　　　　《远望情怀：许学彦传》
《一个共产党员的数学人生：谷超豪传》《没有盲区的天空：王越传》

《含章可贞：秦含章传》　　　　　《行有则　知无涯：罗沛霖传》
《精业济群：彭司勋传》　　　　　《为了孩子的明天：张金哲传》
《肝胆相照：吴孟超传》　　　　　《梦想成真：张树政传》
《新青胜蓝惟所盼：陆婉珍传》　　《情系梁菽：卢良恕传》
《核动力道路上的垦荒牛：彭士禄传》《笺草释木六十年：王文采传》

《探赜索隐　止于至善：蔡启瑞传》《妙手生花：张涤生传》
《碧空丹心：李敏华传》　　　　　《硅芯筑梦：王守武传》
《仁术宏愿：盛志勇传》　　　　　《云卷云舒：黄士松传》
《踏遍青山矿业新：裴荣富传》　　《让核技术接地气：陈子元传》
《求索军事医学之路：程天民传》　《论文写在大地上：徐锦堂传》

《一心向学：陈清如传》　　　　　《钤记：张兴钤传》
《许身为国最难忘：陈能宽》　　　《寻找沃土：赵其国传》
《钢锁苍龙　霸贯九州：方秦汉传》《虚怀若谷：黄维垣传》
《一丝一世界：郁铭芳传》　　　　《乐在图书山水间：常印佛传》
《宏才大略：严东生传》　　　　　《碧水丹心：刘建康传》

《我的气象生涯：陈学溶百岁自述》　　《我的教育人生：申泮文百岁自述》
《赤子丹心 中华之光：王大珩传》　　《阡陌舞者：曾德超传》
《根深方叶茂：唐有祺传》　　　　　　《妙手握奇珠：张丽珠传》
《大爱化作田间行：余松烈传》　　　　《追求卓越：郭慕孙传》
《格致桃李伴公卿：沈克琦传》　　　　《走向奥维耶多：谢学锦传》
《躬行出真知：王守觉传》　　　　　　《绚丽多彩的光谱人生：黄本立传》
《草原之子：李博传》

《宏才大略 科学人生：严东生传》　　《探究河口 巡研海岸：陈吉余传》
《航空报国 杏坛追梦：范绪箕传》　　《胰岛素探秘者：张友尚传》
《聚变情怀终不改：李正武传》　　　　《一个人与一个系科：于同隐传》
《真善合美：蒋锡夔传》　　　　　　　《究脑穷源探细胞：陈宜张传》
《治水殆与禹同功：文伏波传》　　　　《星剑光芒射斗牛：赵伊君传》
《用生命谱写蓝色梦想：张炳炎传》　　《蓝天事业的垦荒人：屠基达传》
《远古生命的守望者：李星学传》

《善度事理的世纪师者：袁文伯传》　　《化作春泥：吴浩青传》
《"齿"生无悔：王翰章传》　　　　　　《低温王国拓荒人：洪朝生传》
《慢病毒疫苗的开拓者：沈荣显传》　　《苍穹大业赤子心：梁思礼传》
《殚思求火种　深情寄木铎：黄祖洽传》《仁者医心：陈灏珠传》
《合成之美：戴立信传》　　　　　　　《神乎其经：池志强传》
《誓言无声铸重器：黄旭华传》　　　　《种质资源总是情：董玉琛传》
《水运人生：刘济舟传》　　　　　　　《当油气遇见光明：翟光明传》
《在断了A弦的琴上奏出多复变
　　最强音：陆启铿传》　　　　　　　《微纳世界中国芯：李志坚传》
　　　　　　　　　　　　　　　　　　《至纯至强之光：高伯龙传》
《弄潮儿向涛头立：张乾二传》　　　　《材料人生：涂铭旌传》
《一爆惊世建荣功：王方定传》　　　　《寻梦衣被天下：梅自强传》
《轮轨丹心：沈志云传》　　　　　　　《海潮逐浪镜水周回：童秉纲口述
《继承与创新：五二三任务与青蒿素研发》　　人生》